좋은 예감

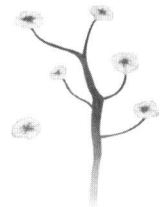

좋은 예감

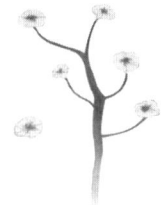

정채봉 에세이

샘터

| 책머리에 |

새벽 편지

정신이 맑은 날은 새벽에 잠이 깨곤 합니다. 집을 떠나서는 아예 꼭두새벽에 잠자리에서 일어나는 것이 이젠 습관이 되었습니다. 지난 초가을 경주에 갔을 적에는 새벽닭 울음소리에 잠이 깨었는데 천 년 전의 서라벌에서도 저 새벽닭 울음소리에 잠이 깬 사람도 있었으려니 생각하니 천 년도 하룻밤 사이인 것 같았습니다

새벽의 신선함은 막 딴 오이 향과 비길 수 있지요. 지금 이 새벽에도 내일을 향해 강가를 달리는 소년이 있을 것이며 펄떡펄떡 뛰는 생선을 머리에 이고 시장으로 바쁘게 걸음을 옮기는 아낙네도 있을 테지요. 하지만 어찌할 수 없는 사정에 이별의 눈물을 이 새벽에 쏟고 있는 사람도 있을 것입니다. 군에서 보초를 섰을 때 새벽 달빛을 보고 폐병 앓는 소녀의 미소 같다고 생각한 적도 있지요.

그 시절, 새가 제 가슴에 얼굴을 묻고 있는 것을 새벽 단잠에 빠져 있다고 보았는데 요즈음은 제 심장의 소리를 듣고 있다고 생각되어

서 나도 내 가슴속 소리를 들어 봐야지 하고 새벽이면 내 가슴을 내가 꼭 껴안는 일이 종종 있습니다. 얼마 전 선암사에서였지요. 도량석을 도는 스님의 목탁 소리에 잠이 깨어 가슴을 꼭 껴안고 있는데 솔바람 소리가 나는 것이었습니다. 아, 그 순간에 나는 먼지 하나도 얹힐 틈이 없는 공(空)이라는 것을 처음 느꼈습니다.

물론 자욱한 안개가 포근히 안아 주는 봄날의 새벽도 사랑합니다. 풀섶에 내린 이슬로 바짓가랑이가 흥건히 젖는 여름 새벽도 사랑하고, 베고 남은 벼 포기마다에 서리가 새하얗게 내려 있는 가을 새벽도 사랑합니다.

그러나 겨울 새벽 창을 열었을 때 밤사이에 소리도 없이 내려와 세상을 하얗게 덮고 있는 눈은 그 어떤 것보다도 횡재한 것 같지 않던가요?

나는 새벽 눈물은 사기꾼이 흘리는 것이라도 진실이라고 믿고 싶습니다.

이 책의 1부와 3부는 그때그때 쓴 에세이를 모은 것이고 2부는 '맑고 향기롭게' 모임의 지면에 다달이 쓴 편지글이며 4부는 여성지 《우먼센스》에 연재했던 것입니다.

이 책이 당신의 마음에 들었으면 좋겠습니다.

1996년 동짓달 초사흗날에
정채봉

| 차례 |

책머리에   ···5

1 ··· 맑음은 막히지 않는다

꽃을 던져 넣다   ···13
향기를 데리러 가다   ···18
해 진 무렵   ···23
모닥불 앞에서   ···25
떠나가는 배   ···29
어떤 뿌리   ···31
고마운 하루   ···33
이모집 가는 길   ···36
열 살 적의 낙서   ···41
아버지의 강   ···46
엽신   ···52

2 ··· 흰 구름 가는 길

자취 일기　···59
아기가 되고 싶습니다　···63
저녁 종소리　···65
'나'가 '나'에게　···68
초등학교 운동장가에서　···70
상흔　···74
옛 절터에서　···77
풀 향기　···81
나의 미네랄　···86
어떤 연하장　···88

3 ··· 파도에게 주는 말

'순간'이라는 탄환　···93
당신의 정거장　···96
행복한 드림　···98
이 바람이 지나면　···101
인생 역에 머물렀다 떠나며　···104
좋은 예감　···108
현대인들의 종살이　···110
홀리는 것들　···112

지금　··· 114

오염되고 있는 내일　··· 117

가을날의 삽화　··· 122

4 ··· 동화 인생론

나는 나의 길을 간다　··· 129

생명이 붙은 옷자락　··· 134

보물 중의 보물　··· 142

빈손의 영광　··· 151

시련도 축복이다　··· 159

인간 발견　··· 166

선택　··· 172

가슴속의 빛　··· 178

아름다운 귀　··· 187

양식과 황금　··· 197

진짜가 되는 아픔　··· 203

세상에 넘치는 향기　··· 210

지식 창고　··· 217

마음속의 나침반　··· 225

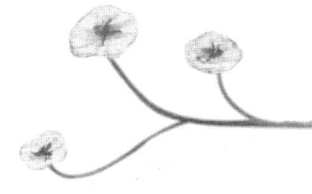

1
맑음은 막히지 않는다

꽃을 던져 넣다

결혼은 하였으나 총각 같은 모습으로 이민을 떠났던 친구가 실밥 같은 흰 머리카락이 드문드문 섞인 모습으로 돌아왔다.

우리는 학창 시절에 자취 생활을 했던 왕십리역 부근을 약속 장소로 택하였으나 거기도 변하기는 마찬가지였다. 목조 건물에 간이 2층이 간혹 보이던 곳이었는데 길가 변은 성냥갑 같은 건물들이 가지런했고 난데없는 지하도가 사거리를 육거리로 만들어 놓고 있었다.

두리번거리다가 은행 앞에 엉거주춤 서 있는 그를 찾아내자 새삼 세월의 무상함이 가슴에 와 닿았다.

해변에 엎디운 바위에는 오고 가는 파도가 획 하나 긋기도 어려운 우리들의 '그동안'이었겠으나…… 보라. 우리는 그동안 얼마나 삭아져 버렸는가. 정강이 근육과도 같은 그 탄력과 손톱처럼 자르기 전에는 절대 눕혀지지 않던 패기는 어느새 물풀처럼 흐느적거리지 않는가. 이마에는 이미 밭고랑 같은 주름이 잡히고.

우리는 눈에 익은 곳이라고는 오직 한 곳인 우리들의 자취방이 있던 골목 입구에 섰다. 신통하게도 우리가 콩나물이며 불쏘시개를 사러 드나들었던 구멍가게만은 주인만 바뀌었을 뿐 그대로 있었다.

친구와 나는 그 구멍가게 앞의 파라솔 밑에 앉아 술을 마셨다. 대학 시절, 안주 값을 아끼려고 밖에서 쥐포를 사 가지고 생맥줏집에 들어갔다가 구박받았던 일을 돌이켜 보며 웃기도 하였고, 갑자기 저 세상으로 떠나간 친구 얘기를 꺼내서 슬퍼하기도 한탄하기도 하였다. 어떤 녀석이 어떤 여학생의 뒤를 따라다녔던가를 새삼스럽게 캐어 보기도 하였고, 누가 교수네 집 솜이불에다 방뇨하였던가를 이제사 확인해 보기도 하였다.

어느덧 자정이 된 모양이었다. 아직 순박성이 그대로 남아 있어 보이는 가게 주인은 하품을 하면서 문을 닫아야겠다고 말했다.

우리는 술만 두어 병 더 내달라고 하고선 그때부터 가로등 불빛 속에서 술잔을 비웠다. 간혹 도둑고양이가 기웃거리다가 갈 뿐 고즈넉한 우리의 술자리는 쉬 걷히지 않았다.

술병이 비면 구멍가게 문을 두드려서 주정 반, 애원 반으로 술을 사왔는데 어느 때가 되면서부턴 아무리 사정해도, 심지어 친구가 구둣발로 문을 찼는데도 안쪽에선 인기척이 없었다.

그런데 어떻게 그런 생각을 하였는지 모른다. '서울역까지 걸어가자'고 우리들 중 하나가 그렇게 말했다. 아마도 가난뱅이 학생 시절, 버스 값이 없어서 한두 번 그 거리를 걸어 봤던 기억 탓이었을 것이다.

우리는 일어나서 걸었다. 다리가 아프면 아무 데고 풀썩풀썩 주저앉아서 쉬다가 다시 걷곤 했다. 그렇게 하염없이 걸어서 남대문 시장께에 이르렀을 땐 새벽 3시쯤이었다. 그때 우리는 서울에서 제일 먼저 잠이 깨는 곳이 거기라는 것을 알게 되었다. 벌써 불 밝히고 웅성거리고들 있었다.

우리는 새벽 찬바람 속에서 그곳을 지나다 말고 자연스럽게 해장국 집을 떠올렸고 또한 쉽게 찾아 들어갔다. 해장국을 먹고 나서다 말고 문득 나의 친구가 말했다.

"우리도 장 보러 가자."

"어디로?"

"꽃 시장에."

"그곳엔 왜?"

"꽃 사러 가는 거지 뭐."

"꽃은 사서 뭐 하게?"

그러자 친구는 답답한 녀석 본다는 듯 나의 어깨를 툭 쳤다.

"야, 무슨 일이 있어야만 꽃을 사니? 그냥 한 아름씩 사서 안고 나오는 것만으로도 얼마나 신나는 일이냐."

나는 그제야 깨달았다. 그래, 중년의 남정네 둘이 꼭두새벽에 장사

할 것도 아닌 꽃을 한 아름씩 안고 다닌다는 것은 멋진 풍경이다.

우리는 즉시 꽃 상가로 들어가서 호주머니를 털어 한 아름씩의 꽃을 샀다. 장미며, 백합이며, 국화를.

양복에 비뚤어진 넥타이 차림으로 꽃을 한 아름씩 사 안은 두 사내. 웃다 말고 나는 머리에 떠오른 것이 있었다. 이번에는 내가 친구한테 제안했다.

"이 꽃을 어디든 가져다주어야 할 게 아냐?"

"허긴 그래."

"우리 왕십리로 다시 가자."

"왜? 거기에는 왜 가자는 거야?"

"이런 답답한 친구 같으니라구. 거긴 가난했을망정 우리 젊음을 아름답게 보낸 곳이 아니냐."

"그건 인정해. 그런데?"

나는 친구의 어깨를 떠밀면서 말했다.

"그래서가 뭐야. 지금 우리가 자췌했던 그 골목으로 찾아가서 집집마다에 꽃다발을 하나씩 던져 주자는 거지."

안경 너머로 친구의 눈이 반짝거렸다.

"생각해 봐. 아침에 눈을 비비며 나오던 골목 안 사람들이 마당에 들어와 있는 난데없는 꽃다발을 보고 놀라워할 것을."

그날 새벽 왕십리 그 골목 안 집집마다에, 그리고 우리의 주정에도 끄떡하지 않고 견뎌 준 구멍가게에 이르기까지 꽃다발 하나씩을 던져 놓은 사건이 아마도 금년도 나의 10대 뉴스에 첫 번째를 장식하게 될 것 같다.

향기를 데리러 가다

　남행 열차를 탔습니다. 서울은 아직 바람 속에 겨울 끝 자락이 남아 있어서 홑것을 허락하지 않으나 남녘에는 이미 꽃불이 놓였다는 기별을 받았기 때문입니다.
　나를 유혹한 친구의 엽서 사연은 이러하였습니다.
　"점심상에 올라온 냉이무침에 밥을 비벼 먹고 볕 잘 드는 우리 집 툇마루에 앉아 있자니 졸음이 몰려오더구나. 봄날 볕은 살찐 암쥐가 고양이 앞에서 엉덩이를 흔들고 지나가도 고양이 눈을 감기게 한다고 하지 않더냐. 그렇게 잠시 고개 두서너 번 끄덕였을 것이다. 수탉이 홰를 치며 우는 통에 눈을 떴더니 우리 외양간 곁의 그 매화나무에서 하얀 꽃망울이 벙글고 있지 뭐냐."
　그 매화나무란, 친구와 내가 어린 시절에 곧잘 오르내리며 매실을 따곤 했던 나무입니다. 풋것일 때는 시어서 온통 두 눈을 내리감고서 먹던 열매입니다.

그런데 친구의 엽서를 읽고 났을 때에는 눈발처럼 매화 꽃잎이 날리던 정경이 눈앞에 펼쳐지는 것이었습니다.

아! 초등학교를 막 졸업하고서 새로 맞춘 까만 대바지 교복에 중학교 단추며 배지를 달고서였습니다. 우리는 누가 먼저라 할 것도 없이 담장을 타고서 외양간 지붕으로 올라갔습니다.

거기에 우리는 키대로 누워서 새로 시작할 중학 생활에 대해 이야기하다가 햇살과 매화 꽃잎에 눈이 부셔서 웃옷을 벗어 덮고 누웠는데 어느 사이인지 잠이 들어 버렸더군요. 우리가 잠이 깨었을 때는 석양 무렵이었습니다. 우리는 웃옷을 제끼면서 보았지요.

매화 꽃잎이 함박눈보다도 더 많이 내려 있던 것을. 우리 옷에는 물론 외양간 지붕에도, 소 여물통에도, 두엄 더미에도.

그러나 이제 다시 찾아간 고향은 예전 같지가 않습니다. 고개가 갸우뚱거려지는 풍물이 한두 가지가 아닙니다. 이를 눈치 챈 친구가 말하였지요.

"꽃은 아직 그대로야. 꽃 대궐이나 찾아가자."

백운산 자락의 백계동. 도선 국사가 이무기를 쫓아내고 숯으로 못을 메워 절터(옥룡사)로 삼았다는 이곳의 7헥타르나 되는 숲은 순전히 동백림이지요. 겨울부터 꽃불이 나기 시작하여 봄날에는 온통 빨간 숯불 덩이 같은 동백꽃 천지입니다.

동백은 피어 있는 모습보다도 숭숭 송이째 져 있는 낙화의 모습이 더 장관이라고 감히 저는 말씀드릴 수 있습니다. 흡사 땅이 꽃을 내놓은 듯하니까요.

지상을 더러는 고통받는 곳으로 오해하는 사람들이 있지요. 그리고 땅을 연옥으로, 땅 밑을 지옥으로 여기는 사람들도 있습니다. 그러나 저는 감히 말씀드리려고 합니다. 지상에 꽃이 있고 향기가 흐르고 있는 한 사람들은 사라지지 않을 것이며, 사람들이 있어서 고통도 있는 것은 사실이지만 고통 못지않은 아름다움도 있다고요.

땅에 대해서도 생각해 봅시다. 세상에 땅만큼 정직한 이가 또 어디 있습니까. 동백을 심으면 동백을 내놓고 매화를 심으면 매화를 내놓고 벼와 보리를 파종하면 한 알씩을 잘 썩혀서 백배 천배의 수확을 거두게 하는 저 땅이 왜 단련을 주는 연옥이어야 합니까?

어느 날 갑자기 천재지변이 일어서(예를 들면 화산 같은) 땅 밑이 지옥이라고 생각할지도 모르지만 땅 밑으로 지하수가 흐르고 있는데 어찌 그 물로 생명을 이어 가는 우리가 불모의 지옥이라고 할 수가 있겠습니까.

그래서 저는 저 동백꽃이, 아니 다른 꽃잎들도 하늘로 흘러가 버리지 않고 땅을 덮는 것은 아무도 모르게 땅을 위로하는 아름다움이라고 보고 있습니다.

아, 저기 아름드리 동백나무에 다람쥐 한 마리가 눈망울을 휘둥그레 뜨고서 올라가고 있군요. 저 동백나무에는 먹을 것도 없는데 올라가는 것은 향기를 데리러 가는 길이 아닐까 생각해 봅니다.
　문득 오규원 시인의 시가 생각납니다.

　　철쭉의 봉오리가
　　톡톡
　　터질 때마다
　　산이
　　조금씩
　　붉어지고 있다.

　　산속의
　　골짝물도
　　산에 사는
　　다람쥐의
　　볼도
　　조금씩 붉어지고 있다.

　　구경 다니는
　　다람쥐 때문에
　　숲 속에는

길이
자꾸 생기고.

봄날의 산

다람쥐의 볼이 얼마만큼 붉어져 있나 보았으면 해서 손짓을 했더니 저 겁 많은 녀석은 도망가 버리고……. 저와 친구는 동백 숲 그늘이 푸르게 드리워져 있는 골짝 물가에서 도시락을 풀었습니다.

하얀 쌀밥에 팥물처럼 번져 있는 붉은 기운. 그것은 바로 동백꽃 그림자인 것을 도시락을 비우고서야 깨달았습니다. 빈 도시락을 싸는 하얀 수건에도 붉은 얼룩이 앉았으니까요.

우리는 일어나서 돌아갑니다. 하지만 아쉬워서 동백꽃 숲을 다시 한 바퀴 돕니다. 향기가 좀 더 많이 묻혀 들었으면 합니다.

꽃길을 걸어 나오니 나비가 옷에 묻은 향기를 좇아 나풀폴 나풀폴 따라오더라는 옛 시인의 시가 있는데, 우리도 오늘 이곳 백계동의 향기를 데리고 가면 그렇게 따라올 그 뉘가 없을는지요?

해 질 무렵

햇살도 짐승들도 다소곤해지고 억새풀마저도 순해지는 해 질 무렵을 나는 사랑한다.

집 밖에서 큰소리치며 떠들던 사람들도 이쯤에서는 기가 꺾여서 연기 나는 집을 돌아보고, 병원의 환자들은 몸 아픔보다도 마음 아픔을 더 많이 앓는다는 해 질 무렵, 고교 시절 잘 풀리지 않는 수학 문제도 이때만은 밉지 않았었다.

정처 없이 흐르는 구름에 손을 흔들고 싶은 다감한 때, 산자락에서 풀을 뜯던 소도 산 그리메가 내를 건너면 음매애 하고 주인을 찾는 것은 외양간에 갇힐망정 집이 그리운 때문이리라.

돌산도 이때만은 보랏빛에 젖어 신비해지고 강에 비친 골짜기도 가장 선한 표정이 된다.

나는 해 질 무렵을 하느님의 시간이라고 생각한다.

고향에 돌아와 있어도 성에 차지 않는 외로움이 남고, 그리운 이 곁에 있어도 해 질 무렵에는 그리움이 일지 않는가. 이는 인간에게 본래의 거처가, 본래의 그리움이 있기 때문이라고 본다.

아아, 이때만은 저녁 종소리가 들리지 않는 곳이면 어떠랴. 풀벌레 소리 한 낱에도 두 손을 모으게 되는 것을.

이 시간에 새소리를 들어 보라. 예민하지 않은 사람일지라도 가만히 귀 기울이고 들으면 해 뜰 무렵 다르고 해 질 무렵 다른 것을 알아챌 수 있으리라.

우리 민요에서는 '아침에 우는 새는 배가 고파 울고 저녁에 우는 새는 님이 그리워 운다'고 했다. 배고파 우는 새소리보다도 님 그리워 우는 새소리가 노래로 남을 것은 자명하다.

또 나는 해 질 무렵을 하루 중에서 가장 순수한 때라고 생각한다.

엷기로 말하면 실바람 잠든 모습 같은 순백의 박꽃이 이때 피어나는 것을 징표로 삼을 수 있을 것이다.

아무리 정신적인 사랑을 무시하는 사람도 이 해 질 무렵에만은 욕정에 대해 장광설을 늘어놓지 않으리라 본다.

아, 이 해 질 무렵에는 눈 감고 귀기울이면 저 뒤안을 돌아 나오는 우리 할머니의 회심 가락이 있다. 떼 파던 나를 스르르 잦아지게 하던 그 아련한 곡을 나는 아직까지 대해 본 적이 없다.

후일, 하느님이 만일 나한테 이 세상을 하직할 시간대를 택하라면 두말 않고 '해 질 무렵'이라고 대답하겠다.

모닥불 앞에서

　나는 지금 한 무더기의 모닥불 앞에 있습니다.
　내가 이 모닥불 앞에 오기 전에는 바다 여인들이 둘러서 있던 자리입니다. 그들은 이른 봄 바다에서 여윈 체온을 이 모닥불로 되살리고 있었습니다.
　나는 그때 저만큼 떨어져 있는 소나무 밑에서 솔잎 사이로 흐르는 바람 소리를 듣고 있었지요. 아시다시피 봄날의 바닷가에서 듣는 솔바람 소리는 어지간한 악기 음과도 비길 수 있는 것입니다.
　그런데 바다 여인들이 저 갈대밭에 저녁놀이 지면서 하나 둘 모닥불 앞을 떠나갔습니다. 이젠 어둠이 쳐지기 시작하는 저기 저 마을에서 정다운 식구들의 저녁 준비를 하고 있을 것입니다.
　나는 천천히 모닥불가로 자리를 옮겨 왔습니다. 펑퍼짐한 돌 위에 앉아서 사그라지려는 모닥불 위에 주워 온 나뭇가지를 올렸습니다. 모닥불이 훨훨 살아납니다. 탁탁 튀어 오르는 불꽃 가장자리에서 불

티가 달려드는 파도 소리와 함께 공중제비를 합니다.

문득 나는 이 모닥불이 우리들의 세상살이 같다는 생각을 합니다. 때로는 성하고, 때로는 쇠하고, 때로는 연기를 내면서 재를 남기는 인생.

캔 커피를 꺼내어 한 모금 합니다. 이제는 어둠 때문에 바다와 뭍을 가늠하기조차 어렵습니다. 다만 밤배가 지날 때면 불줄기가 물 주름을 보여 줍니다. 지나간 세월처럼.

그렇습니다. 타오르고 있는 모닥불 저편에 흘러간 유년 시절이 보이고 있습니다.

몇 살 적인지는 모르지만 장대 같은 소나기가 오던 날, 벌거벗고 마당에서 깡충거리며 소나기 샤워를 하는 아이가 나타났다가 불꽃과 함께 주저앉습니다.

나무를 집어넣어 다시 불꽃을 일으켜 세웁니다. 신문을 간추려서 달리는 아이가 일렁이는 불꽃 가운데 나타납니다. 논두렁길을 가는 아이의 바지가 콩 이파리에 내린 이슬로 흥건히 젖어 있습니다.

모닥불은 계속 타오릅니다. 컹컹컹 개가 멀리서 짖어 대는 골목, 전신주 아래에 까까머리가 혼자 우두커니 서 있습니다. 아, 가슴을 쥐어뜯어도 나타나지 않는 단발머리의 얼굴. 연기가 파도처럼 밀려들어서 기침을 이끌어 냅니다.

부지깽이로 틈을 열어서 바람을 들여보냅니다. 불꽃이 다시 핍니다. 불꽃의 저편에, 하얀 치마저고리를 입은 노인이 나타납니다. 노인은 손자가 들고 가지 않은 도시락을 들고서 학교 담장 밑에 하염없이 서 있습니다.

나는 모래를 한 줌 쥐어서 모닥불 위에 뿌립니다. 불꽃이 집니다. 가슴을 미어지게 한 할머니의 환영이 사라집니다. 나는 자리에서 일어나 바닷가 모래밭을 무작정 걸어 봅니다.

물새 울음소리가 가냘프게 들립니다. 집을 못 찾은 새일까요? 엄마 잃은 새일까요?

멀리 떨어져서 모닥불을 바라보니 가느다란 불 한 줄기만이 바람에 흔들리고 있는 것이 가엾습니다. 내가 나를 미워하다가 내가 다시 불쌍해져서 남몰래 울던 날들이 있었지요. 굳이 밝히고 싶지 않은 일이지만서도.

그날처럼 나는 다시 모닥불한데로 돌이갑니디. 나무를 나서 긁어서 마지막 불꽃을 올립니다. 캔에 남은 커피 또한 마저 마십니다.

어둠 속 어디쯤에서인지 가늠할 수 없는 곳에서 통통통 하는 소리가 점점 굵어져 옵니다. 드디어 불줄기 하나가 나타났습니다. 저 넓은 바다에 호박꽃 같은 작은 외등 하나만을 단 채 가고 있는 밤배. 어쩌면 저기 저 밤배는 통통통 가고 있지만 영원히 바다를 벗어나지 못하고 있는 것이 아닐까요? 다만 아침과 낮과 밤만이 교대해서 닿아주고 있을 뿐.

우리네 인생도 저 밤배처럼 가고는 있지만 벗어날 수 없는 궤도의 생에 머물고 있다는 생각입니다.

이제 나의 모닥불은 사그라지고 있습니다. 그 호방하던 불길도 꺼지고 지금 보니 처량하기 이를 데 없습니다.

재만이 남았습니다. 재 속의 가장 깊은 데 남아 있던 불씨마저도 죽고 있습니다.

재를 만져 봅니다. 그 통나무가, 그 가시나무가, 이렇듯 가벼운 재가 되고 말다니……. 가랑잎 재 다르고, 통나무 재 다르고, 가시나무 재 다르지 않음을, 그 완전한 평등을 이제 봅니다.

생각하지도 않았던 바닷가의 모닥불 앞에서 참으로 좋은 밤이었습니다. 이제 저도 여인숙으로 돌아가야겠습니다. 바다도 안녕히 계십시오.

떠나가는 배

나는 어린 시절에 곧잘 배를 띄워 보냈습니다.

유년의 기억 중 우리 집 옆으로 흐르고 있는 도랑가에서 댓잎 배를 띄워 보내던 일이 가장 또렷합니다. 그때는 아무 바람도 싣지 않은 채 그저 나의 댓잎 배가 멀리 가기만을 빌었지요.

학교에 들어가 글을 익혀서는 종이배를 접어 내 이름을 적었습니다. 연필에 침 묻혀서 삐뚤빼뚤 적은 내 이름의 종이배를 학교 앞 개울물에 띄워 보내며 나는 가슴 두근거렸었습니다. 어느 누구한테 나의 종이배가 닿을지, 하늘의 별을 보며 생각했었습니다.

그 뒤, 언제인가는 선창에서 오징어의 갑을 얻어 와 배로 삼았습니다. 배의 복판에 못으로 '엄마 이름 허정순'이라고 파서 바닷가에 가 띄웠습니다. 이 세상에 한번 외출 나오시길 바라며…….

그러나 우리 엄마는 영영 오실 줄을 몰랐습니다.

아, 내 나이 열 살이 되었을 때 우리 집은 포구인 고향을 떠나 이웃 읍내로 이사를 하게 되었습니다. 나는 학교에서 돌아오는 길에 몰래 제재소에 숨어 들어가 소나무 껍질을 벗겨 왔었지요. 그러고는 그것으로 배를 만들어 우리 반 가시내의 이름을 하얀 크레용으로 쓴 다음 5리 밖에 있는 강가에 가 띄웠습니다 그러나 소식 없기는 그 가시내도 마찬가지였습니다.

지난여름 어느 날 밤에 나는 꿈을 꾸었습니다. 어린 시절 내가 띄워 보낸 배들 중 솔 껍질 배가 고향 포구로 돌아오는 꿈이었습니다. 그리고 이튿날 나는 열 살 적의 이름만 기억하고 있는 고향 소꿉친구 가시내가 암으로 죽었다는 부음을 들었습니다.

어떤 뿌리

얼마 전 무주에 있는 덕유산으로 신록맞이를 갔었습니다. 오랜만에 하얀 돌 위로 하얀 물이 흐르고 있는 계곡을 만났었지요. 낭떠러지의 바위 틈새에 진달래꽃이 피어 있었는데 신라의 '수로 부인'이 생각나서 혼자 풋풋한 미소를 짓기도 하였습니다.

덕유산 나무들은 소나무를 빼고는 모두가 여린 새잎으로 단장하고 온통 소풍 나온 아이들처럼 재잘거리고 있었습니다.

작년 가을에 저는 먼발치에서 이 덕유산 자락을 바라본 적이 있었지요. 단풍이 마치 색동저고리처럼 켜를 이룬 것을 보면서 그 속으로 난 산길을 일정 관계로 걸어가지 못한 것을 못내 아쉬워하자 곁에 있던 분이 "신록도 아름답습니다. 5월에 한번 오셔요" 한 것이 마침내 이루어진 것입니다.

내장산의 신록도 단풍 못지않다는 말을 들은 적이 있습니다. '될성부른 나무는 떡잎부터 다르다'는 속담이 생각나는 대목입니다.

신록 밑을 인간 세상의 신록이라고 할 수 있는 학생들이 까르르까르르 웃음을 토하면서 다니는 것을 바라보는 길손한테 숲을 일렁이는 바람이 다가옵니다. 신록들의 웃음소리인 듯싶은 5월의 산바람.

그런데 백련사를 둘러보고 내려오는 길에서였습니다. 우연히 길가의 느티나무를 둘러보다가 숨이 턱 막힐 것 같은 것을 보았습니다. 그것은 느티나무 뿌리가 바위 덩어리 하나를 불끈 들어 끌어안고 있는 장면이었습니다. 자세히 살펴보니 한 뿌리가 그렇게 바위 덩어리를 들어 올려 끌어안고 있는 그 옆에서는 다른 뿌리가 의연히 흙 속으로 뻗쳐 들어 있는 것이었습니다.

생명의 놀라움이 일지 않을 수 없는 그 나무의 모습에서 저는 우리 인간 세상의 부끄러운 삶들을 생각해 보았습니다. 물론 어떤 생물보다도 강인한 삶을 이어 가고 있는 것도 사실이지만 한 포기 풀보다도 허무하게 포기하는 생들도 많기 때문입니다.

그중에서도 '자기'가 '자기'를 싫어하는 생이 있음을 우리는 더러 발견합니다. 민들레 꽃이 민들레 꽃이기를 싫어하고, 찔레꽃이 찔레꽃이기를 싫어하는 이치입니다.

자기의 가문, 자기의 자질, 자기의 얼굴을 싫어하며 환경을 탓하는 사람들이 있지 않습니까. 저렇게 바위를 끌어안고 사는 나무도 있는데…….

나도 이제부터 바위 하나를 끌어안고 산다고 생각하기로 하였습니다.

고마운 하루

절로 가는 들녘에는 보리가 한창 익어 가고 있었습니다.

차창을 열어 두고 바람을 마시고 있던 일행 중의 한 사람이 차가 목적지에 도착했는데도 일어나지 않는 것이었습니다.

"어서 일어나지 않고 뭐 하는 거야" 하고 어깨를 흔들었더니, "취해서 말이야" 하고서 고개를 절레절레 저었습니다.

"뭘 마셨는데?" 하고 물었습니다.

그 사람의 대답은 간단하였습니다.

"산소!"

객사에 짐을 풀고 점심은 스님들과 함께 상추쌈을 먹었습니다. 차를 한잔 얻어 마실까 하고 노스님 방에 들렀더니 스님은 주머니칼로 참외까지 깎아서 내놓았습니다.

다담(茶談) 중에 작은 것이 크게 보이는 게 진짜라는 말이 흘러나왔습니다. 요즘 사람들은 동양 최대, 세계 최대라며 큰 것들을 예찬

하지만 로댕의 〈생각하는 사람〉이 어디 커서 세계 보물이 되었나. 추사(秋吏) 서찰을 보아라. 어디 커서 명품이 되었나.

저녁에는 소나기가 한줄금 지나갔습니다. 용변이 마려워서 밖에를 나오니 하늘에 주먹만 한 별들이 주렁주렁 열려 있는 것이 보이더군요. 참 오랜만에 만나 보는 별들이었습니다.

댓돌 위에 신발을 벗어 놓고, 마루에 올라서 방문 고리를 잡으려던 나는 뒤에 눈길이 느껴져서 돌아보았습니다. 그러나 어둠 속에는 아무도 없었습니다.

나는 고개를 갸우뚱하고서 다시 신발을 꿰신었습니다. 마당으로 내려갔다가 장독대 위로 올라갔습니다.

아, 나는 거기에서 보았습니다.

소나기 한줄금으로 장독 뚜껑 위에 내려와 있는 별들의 서늘한 눈길. 나는 잠시 눈물을 글썽이었는지도 모르겠습니다.

이튿날 아침 일찍 암자에를 올랐습니다. 주승이 계시지 않은 해우소 앞의 대밭에서는 여전히 바람이 뿌시락 장난을 치고 있더군요.

그리고 청매 나무에도 홍매 나무에도 매실들이 포동포동 살이 오르고 있었습니다.

뜨락의 모란은 이미 뚝뚝 진 꽃잎마저도 사라지고 없었으나, 파초가 너울너울거리는 것이 올여름도 반기는 표정이 역력하였습니다.

마루에 앉아서 땀을 들이고 있자니 뒤 숲에서 밀화부리 새가 소리하는 것이 '네 첫 마음 아직도 있느냐, 네 첫 마음 아직도 있느냐'는 물음 같더군요.

부엌 앞에는 오가며 들르는 새들을 위한 물 한 사발, 생보리 한 사발이 놓여 있었습니다[이를 스님은 헌식(獻食)이라고 했습니다].

새들이 감잎 사이로 빼꼼히 내다보고 있는 감나무를 가리키며 상좌 스님이 말하였습니다.

"지난 늦가을에요, 익은 감을 좀 딸라 캤더니 저것(새)들이 하도 야단해 쌓아서 하나도 따지 못했어예. 주인이 바뀐 거지예. 내 참 더러워서……"

장 보러 간다는 상좌 스님과 함께 산을 내려오는 모퉁이 길에서였습니다. 상좌 스님이 '어허' 하며 허리를 구부리는 것이었습니다.

가까이 가보니 붓꽃 대궁을 감고 올라가는 담쟁이를 뜯어내 말리더군요. 덕분에 우리 지구에 꽃 한 송이가 방해받지 않고 피어나게 되었습니다.

얼마나 고마운 일인지요?

정말 고마운 하루였습니다.

이모 집 가는 길

이모 집 가는 길에는 깜박깜박 나이를 잊어 먹습니다. 40년 전이나, 30년 전이나, 지금이나 한 얼굴 그대로인 이 고개를 넘어야 하기 때문이 아닌가 생각합니다.

그러고 보니 외갓집 가는 길에도 고개가 있었습니다. 고십재라는 이름의 그 고개는 꽤나 가파르고 높았습니다만 지금의 제철소가 들어서면서 뭉개지고 말았습니다. 당시로서는 감히 꿈도 꾸어 볼 수 없었던 4차선 포장도로로 훌쩍 넘나드는 오늘의 사람들은 모를 테지요. 그 고갯길 굽이마다에 스며 있는 애환을.

거기에는 우리 외할머니의 통곡도 배어 있습니다.

어머니를 너무 일찍 잃고 할머니 품에서 자란 나한테는 외가에 대한 기억이 별로 없습니다. 그렇기 때문에 딱 한 번의 외할머니 통곡이 지금까지 생생하게 살아 있는 것인지도 모르겠습니다.

외할머니 손을 잡고 고갯길을 오르던 나는 아무것도 모르고 꿈 이야기를 하였습니다.

"외할매."

"왜?"

"나 꿈에서 엄마라는 여자를 보았다."

"엄마라는 여자를 보았다고?"

"응. 내가 누구냐니까 엄마라고 했어."

"어떻게 생겼더냐?"

"얼굴이 동그랗고 입이 작았어."

"그리고?"

"그리고 파마머리가 아니고 외할매처럼 비녀를 꽂고 있었어."

"그래서 어떻게 했냐?"

"나는 엄마가 누구인지 모른다고 도망을 갔지 뭐."

"도망을 갔어?"

"응. 그런데도 자꾸 울면서 쫓아오는 거야. 무서워서 울다가 깨보니 꿈이었어."

그때였지요. 외할머니가 고갯길에 털썩 주저앉더니 통곡을 했습니다.

"정순아, 이년아. 이 불쌍한 년아. 니 새끼한테 얼굴이라도 익혀 놓고 죽었어야지, 이년아······."

이런 사설을 하였었는데 그때는 잘 알지 못해서 물끄러미 쳐다만 보고 있던 그 고갯길의 회한이 나한테는 있습니다.

그러나 그날 두 다리를 뻗고 통곡하던 외할머니도 어머니를 좇아서 이 세상을 하직하신 지 오래되었고, 외가에 가는 고개마저도 아스팔트 아래로 사라져 버렸습니다.

이제 저한테 외척을 찾아가는 유일한 길은 이모 집 가는 이 한적한 고개밖에 남지 않았습니다.

아래, 주막이 있었다는 삼거리 빈터에는 늙은 동백나무만 한 그루 외로이 서 있을 뿐입니다. 동백나무는 한때의 영화를 반추하고 있을지도 모릅니다. 장날이면 왁자지껄 떠들던 남정네들. 그리고 시도 때도 없이 드나들던 길손들. 그러나 지금은 한때 주모(酒母)의 환희로운 머릿기름이 되었던 동백이 저 혼자 떨어져서 저 혼자 처박혀 있었습니다.

이 고갯길로 접어들려면 먼저 작은 내를 건너야 합니다. 이 내는 지금도 징검다리로밖에 건널 수 없습니다. 오늘도 여기 징검다리에서는 아이들이 조약돌을 던지며 장난을 치고 있었습니다. 예전 내가 징검다리를 건너던 외사촌 누이를 보고 돌을 물에 던져 물벼락을 맞게 하던 것처럼.

고개 중턱의 아름드리 상수리나무 밑에서 예전처럼 잠시 쉬었습니다. 정말 바람이 없는데도 하늘하늘 낙엽이 지는군요.

꿩이 한 마리 꿩꿩 울면서 날아오르며 흘려 놓은 깃털을 잔솔밭에서 주웠습니다. 고교 모자를 쓰고 갈 적에도 이 근처에서 꿩의 깃털을 주웠었지요. 그때는 그것에 펜을 매달아 필통에 꽂아 놓고 친구들한테 자랑을 했던 기억이 살아납니다.

고갯마루에 양산처럼 서 있는 소나무 밑에서 예전처럼 땀을 들이며 이모 집이 있는 동네를 물끄러미 내려다봅니다. 뒤편에 대밭이 빙 둘러 있는 마을. 앞의 다랑이 밭에는 누렇게 바래져 가는 콩 이랑 사이사이에 드문드문 서 있는 수수가 살이 쪄서 목이 늘어져 있습니다. 전에는 목화밭이 있어서 늦다래를 따먹으며 다녔으나 이제 목화밭은 찾을 수가 없습니다.

나는 치자가 누릇누릇 익어 가는 울타리가에서 흰 빨래를 걷고 있는 이모를 보았습니다. 내가 "이모" 하고 부르자 이모는 단번에 "어메! 내 새끼 왔네" 하며 달려 나와 이제는 당신보다 가슴이 넓은 조카를 두 팔로 안습니다.

강아지가 나를 보고 짖다가는 이모를 보고 꼬리를 흔드는 짓 또한 예전과 똑같습니다. 이모는 다시 옷고름으로 눈물을 찍어 내며 "너그 엄니가 살아 있다믄 얼매나 좋겄냐잉" 합니다. 지금까지 몇십 번도 더 들었던 한탄입니다.

밤이 깊어 삶은 고구마를 사발에 담아 물김치 그릇과 함께 들고 들어온 이모와 마주 앉았습니다.

"니도 인자 흰머리가 많구나."

"이모는 젊어지네. 아직 바늘귀도 꿰고……."

좋은 예감 | 39

"야가 무신 말을 헌다냐."

 칠순 나이에도 남아 있는 저 부끄러움. 어린 날, 내가 옆집 아이를 두들겨 패주었다가 그 집 엄마한테 얻어맞고 들어왔을 때 그 엄마를 새대가리로 만들겠다며 팔 걷어붙이고 쫓아 나간 우리 이모.

 이제는 말로 일러바치지 않아도 느낌으로 알고, 느낌으로 역성들면서 세상 편하게 앉아 있는 이모와 조카입니다. 남한테는 무료하게도 보일지 모르나 우리는 이 침묵의 대화가 마냥 편안합니다.

 밤이 깊었군요. 오늘은 이만 줄이겠습니다.

열 살 적의 낙서

꼭 40년 만에 다시 들어가 본 고향 집이었습니다. 이미 남한테 팔려 버린 집이었기 때문에 어쩌다 고향에 들를 일이 있을 때면 먼발치로나 보던 집이었습니다. 그런데 올 정월에 내려가니 사람이 살지 않는 빈집이 되어 있어서 마음 편히 대문 안으로 들어설 수 있었습니다.

바람 부는 대로 굴러다닌 낙엽이 마당 귀퉁이에 몰려 있었고, 가져가지 않은 절구통에는 빗물이 고여서 얼어 있었습니다. 예전 우리가 살 때는 담장 곁으로 무화과나무, 배나무, 복숭아나무, 감나무가 있었고, 대문 곁에는 해당화 나무가 있어 여름이면 우리들의 주먹만씩 한 해당화가 소녀들 입속 같은 색깔로 피곤 했었는데……. 이제 남아 있는 나무라고는 장독대 곁에 감나무 한 그루뿐이었습니다.

'자네도 늙었구먼' 하고 감나무 밑동을 어루만지며 중얼거리자 감나무 또한 '자넨?' 하고 반문하는 것 같아 눈물이 쿡 올라왔습니다. 아, 할아버지께서 특히 꽃을 좋아해서 마당가로 화단을 일구어 봄부터 가을까지 그치지 않고 피어나던 꽃들이 그립습니다. 영산홍이며 금잔화, 붓꽃, 작약, 그리고 모란, 백일홍, 분꽃, 접시꽃, 과꽃, 맨드라미. 그중에서도 나는 돌자갈 틈에 촘촘히 피어나던 채송화를 좋아했었습니다.

원래 이 집을 지은 분은 저희 할아버지였습니다. 나무는 광양 백운산에서 베어 왔다고 했습니다. 어렸을 때는 아름드리였다고 생각한 기둥이었는데 지금 보니 한 팔로도 휘감을 것 같군요. 마당에서 토방으로, 그리고 토방에서 마루 위로 올라서는 것도 제법 높아서 힘들었다고 기억되는데 이 역시도 한 걸음밖에 되지 않고요. 안방의 왼편에는 부엌이, 오른편은 대청과 건넌방인데, 이 건넌방에서 내가 태어났다고 합니다. 아래채는 이젠 창고로 개조되어 있는데 우리가 살 때는 삼촌들의 방이자 동네 청년들의 아지트였습니다. 그때만 해도 마을에서 위아래 채 번듯한 기와집은 저희 집과 면장 댁뿐이었습니다.

할아버지께서 손자한테 문지방 밟고 다니지 마라, 방문 닫히는 소리가 크게 나선 안 된다는 등 훈육을 주시던 안방 문을 여니 쥐 한 마리가 날쌔게 달아나고 있었습니다. 부엌에는 거미가 친 그물이 귀퉁이에 있고, 건넌방 문을 열자 문이 떨어져 나가고 없는 벽장이 휑하게 보였습니다.

나는 먼지 속이지만 차마 신발을 신고 들어갈 수가 없었습니다. 양말 자국을 남기며 벽장 앞으로 다가가 본 것은 숨바꼭질을 할 때 숨어 들어가서 숨을 죽이고 있던 옛일이 생각나서였습니다. 이제는 합판으로 개조된 마루에 앉아서 먼 바다를 한참 바라보았습니다. 나는 여기에서의 추억을 이렇게 술회한 적이 있습니다.

"고만고만한 초가들이 바지락조개들처럼 바다를 향해 다소곳이 엎드려 있는 마을, 그 마을의 가장 위쪽에 우리 집이 있었습니다. 그렇기 때문에 우리 집의 마루에서는 앉아서도 서서도 바다가 한눈에 내려다보였습니다. 아침이면 섬들을 헤집고서 말갛게 떠오른 해가 이슬에다 영롱하게 입을 맞추는 것을 보았고, 달이 뜨는 밤이면 달빛이 파도 소리와 함께 남실남실 문지방을 적셔 들던 것을 보았습니다. 그럴 때면 으레껏 할아버지가 방문을 바르시면서 돌쩌귀 근처에다 밀어 넣어 놓으신 댓잎이나 국화 잎이 창호지 사이에서 선명히 떠오르는 것이었습니다."

그러나 이제 바다는 간척지의 둑방 너머로 아득히 밀려나 버린 지 오래입니다. 변하지 않은 것이라곤 오직 이 집의 부엌뿐입니다. 솥을 뜯어내 버렸지만 아궁이도 그대로였고 울퉁불퉁한 바닥도 그대로였습니다. 검게 그을린 천장. 아아, 저 그을음에는 우리 할머니가 덜 마른 청솔을 때실 때 역풍에 밀려 나온 연기가 섞여 있을 테지요.

예전 우리가 살 때보다 무성한 것은 뒤안의 대밭 하나뿐이었습니다. 그러나 40년 전에는 할아버지가 봉황새가 깃들기를 바라며 심은 오동나무가 한 그루 청정히 대밭가에 서 있었는데 그 오동나무의 혼

적은 찾을 길이 없습니다.

  빨간 벽돌로 쌓아 올린 굴뚝이 남아 있는 것으로 위안을 삼으며 뒤안을 돌아 나오는데, 문득 석양이 아기의 기저귀만 한 넓이로 걸쳐져 있는 툇마루가 눈에 들어왔습니다. 여름날이면 수제비를 해서 두리상 앞에 식구들이 빙 둘러앉아 먹곤 하던 툇마루. 어쩌다 저 툇마루에 앉아서 할머니와 함께 마늘을 까던 날도 있었지요. 나는 새 발자국인지, 쥐 발자국인지도 식별하기 어려운 먼지 위의 수많은 발자국도 아랑곳하지 않고 그대로 툇마루에 누웠습니다.

  그날 그 낙서를 발견한 것은 정말 우연이었습니다. 대청 문턱 아래께에 못으로 삐뚤삐뚤 새겨져 있는 네 글자. 세월의 그을음이 까맣게 해놓고 있었지만 글자는 알아볼 수가 있었습니다.

  '삼촌 미워.'

  어린 시절 나는 삼촌을 무서워하고 미워했었지요. 무조건적인 할머니의 사랑에 비해 삼촌은 공부하지 않는다고, 너무 장난질이 심하다고 나를 쥐어박곤 했던 것입니다. 아마 저 낙서도 내가 매를 벌어서 삼촌한테 맞고 눈물 훔친 손으로 철없이 새긴 것이겠지요. 그러나 그 무섭던 삼촌은 지금 폐암으로 투병 중입니다.

  언젠가 나이 많은 한 신부님의 젊은 시절 사진을 보며 저는 무심히 말하였습니다.

  "빛나는 시절이 있었군요."

그러자 그 신부님의 대답은 간단하였습니다.
"금방이야."
인생의 회한이 노을과 함께 번져 드는 해 질 녘이군요. 좋은 밤 이루십시오.

아버지의 강
— 아들에게

자, 눈을 감고 오늘은 이 아버지에 대해 한번 생각해 다오.

아버지는 어른 옷을 가지고, 돈을 가지고, 어느 날 갑자기 하늘에서 내려온 사람이 아니다.

아버지한테도 아버지가 있었고, 어머니가 있었고, 소꿉놀이 친구들이 있었다.

그리고 아버지한테도 너희들과 똑같은 벌거숭이 유년 시절이 있었고, 새를 향해 돌을 던지던 개구쟁이 시절이 있었고, 푸른 꿈속에서 파도처럼 넘나들던 학창 시절이 있었다.

다만 아버지가 어렸을 적에는 먹을 것도, 입을 것도 그리고 쓸 것도 부족하기만 한 때였었다.

이런 말을 듣기 싫어하는 것을 알고 있지만 사실이니까 다시 한 번 적는다.

아버지는 찢어진 고무신을 바늘로 기워 신었다. 깨꽃의 꽁무니를 빨아 단물을 삼켰고, 공이 없어서 새끼줄을 뭉쳐서, 또는 짚을 뭉쳐 가지고 찼었다.

술찌끼를 끓여 먹고서 학교에 나와 술에 취해 있었던 친구가 있었으며 고구마 한 덩이를 도시락으로 싸오던 친구도 있었다. 돈이 없어서 중학교에 진학하지 못하자 책상 위에 엎드려 한없이 울던 친구는 지금 어디서 무엇을 하며 누구의 아버지가 되어 살고 있는지 궁금하구나.

그러나 아버지가 어렸던 그 시절에는 우리 몸의 핏빛 같은 인정이 있었다. 삘기를 뽑아서도, 까마중이를 따서도 친구와 나눠 먹었었다. 달 밝은 밤에는 그림자밟기 놀이로 시간 가는 줄 몰랐었다.

그렇다. 그것은 행복이었다. 부족했으나 부족함을 몰랐던 것, 작고 적은 것이었으나 작고 적은지를 모르고 마냥 부풀어 지냈던 시절이었다.

그런데 어느 날 문득 돌아보니 지나온 길은 아득하고 겨드랑 밑에는 졸랑졸랑 너희가 들어와 박혀 있는 것이었다.

그때부터 대개의 아버지들은 타조가 되고 만다. 곧 날개가 퇴화되어 버리고 없는 것이다. 대신 발바닥만 두터워져 모래사막 길을 타박타박 걸어다니며 먹이를 벌어 와야 한다.

정말이지, 아버지들은 영락없는 타조이다. 이 세상 사막 길을 헤매고 다니며 처자식 먹이를 구해 와야 하는, 목이 아니라 다리가 길어서 슬픈 남자여. 너도 장가가 보면 나의 이 마음 절절히 와 닿으리라 믿는다.

너는 아버지 얼굴 보기가 어렵다고 하는데 그 말은 내가 더 간절히 할 소리이다.

사실 벌이를 다니는 아버지로서는 너희들과 함께 앉아 오순도순 이야기할 시간이 많지 않다. 차라리 예전의 아버지의 아버지는 땀 흘리며 일하는 모습을 자식들에게 자연스럽게 보일 수 있었다. 그리고 일터에서도 자식들과 언제건 대화했었다. 마당에서 두엄 옮기는 일을 했었고, 텃밭에서 무 뽑고 고춧대 매는 일을 하셨으니까.

그러나 현대의 아버지들은 집에서 먼 빌딩 숲을 드나들며 일한다. 눈물이 빠질 만큼 서러운 일을 겪어도 집으로 돌아올 때는 아무렇지도 않은 양 미소 띤 얼굴로, 번듯한 양복 차림으로 현관에 들어선다.

그렇기 때문에 엄마나 아이들은 아버지가 밖에서 힘들이지 않고 돈을 벌어 오는 것으로 착각하고 있는 것은 아닌지 모르겠다.

그러나 나는 오늘의 아버지가 어제의 아버지들보다 더 고단하다고 단언하겠다. 물론 육체의 고단함은 예전의 아버지들이 더하겠지. 농경(農耕)의 일이었으니까. 하지만 그때는 아버지들이 가정에 군림이라도 했었다.

그러나 지금은 솜을 실어 놓았는데 소금인 줄 알고 부러 물속에 빠졌다가 더 무거워진 짐을 지고 가야 하는 신세의 노새가 바로 오늘의 아버지들 모습이 아닐까 생각해 본다.

  육체의 고생보다도 마음고생이 더 심한 현대의 아버지들이기 때문에 그토록 40대에 죽는 아버지들이 많은 것이다.

  오늘도 설혹 돼지고기 몇 점에 소주 몇 잔을 걸치고서 콧노래를 흥얼거리며 돌아오더라도 아버지의 가슴속에는 외로움의 강물이 유유히 흐르고 있다는 것을 알아 다오.

  끝으로 너도 아는 미국의 더글러스 맥아더 장군의 〈아버지의 기도〉를 붙여서 이 글을 맺고자 한다.

    내게 이런 아들을 주옵소서
    약할 때에 자기를 돌아볼 줄 아는 여유와
    두려울 때에 자신을 잃지 않는 대담성을
    정직한 패배에 부끄러워하지 않고 태연하며
    승리에 겸손하고 온유한 아들을 내게 주옵소서
    생각할 때에 고집하지 않게 하시고
    주를 알고
    자신을 아는 것이 지식의 기초임을
    아는 아들을 내게 허락하옵소서

    원하옵나니 그를

평탄하고 안이한 길로 인도하지 마옵시고
고난에 직면하여 분투 항거할 줄 알도록
인도하여 주옵소서
그리하여 폭풍우 속에선 용감히 싸울 줄 알고
패자를 관용할 줄 알도록 가르쳐 주옵소서

그 마음이 깨끗하고 그 목표가 높은 아들을
남을 정복하려고 하기 전에 먼저
자신을 다스릴 줄 아는 아들을
장래를 바라봄과 동시에 지난날을 잊지 않는
아들을 내게 주옵소서
이런 것들을 허락하신 다음
내 아들에게 유머를 알게 하시고
생을 엄숙하게 살아감과 동시에
생을 즐길 줄 알게 하옵소서

자신에 지나치게 집착하지 말게 하시고
겸허한 마음을 갖게 하사
참된 위대성은 소박함에 있음을 알게 하시고
참된 지혜는 열린 마음에 있으며

힘은 온유함에 있음을 명심하게 하옵소서
그리하여 나 아버지는
어느 날 내 인생을 헛되이 살지 않았노라고
고백할 수 있도록 도와주옵소서.

엽신

*

이런 사진 한 장을 본 적이 있습니다.

복잡한 도시의 8차선 도로인데요. 신호등도 있지 않은 길 한가운데가 모세의 바닷길처럼 나뉘어 있고 차 속에 있는 사람들의 고개가 일제히 나와 있습니다.

그런데 그 사람들의 표정에 미소가 가득 담겨져 있는 거예요. 어린 아이들은 손뼉까지 치고요. 무슨 일인가 하고 자세히 보았더니 글쎄 차도 한가운데로 발걸음도 당당히 걸어가고 있는 무리가 있지 않겠어요.

누구겠어요? 바로 엄마 오리 한 마리와 새끼 오리 다섯 마리였지요. 길을 잘못 든 오리네를 발견하고 차를 맨 처음 세워 준 사람이 누구일까. 그런 생각을 해보았습니다.

현대인들의 가슴은 아스팔트로 포장되어 가고 있다는 말을 자주 듣습니다. 자기 이익에 관계되는 일이라면 눈에 불을 밝히고 대듭니다만 자기와 관계없다 생각되면 그저 무심하기만 한 것이 현대인의 특징이지요.

천천히. 천, 천, 히 생명을 찬미하며 함께 가는 길이었으면 합니다. 빨리 가려다가 길을 건너가는 오리네가 아니라 사람조차도 못 보고 마는 현실이 아닌가요?

*

어떤 때 절망을 하면 우리는 꼼짝하기가 싫습니다.
시험에 실패를 하였을 때,
사랑하는 사람이 떠나갔을 때,
하는 일에 좌절이 왔을 때,
그런 때는 이불을 뒤집어쓰고, 움직이기가 싫습니다.
이런 때 누가 말이라도 걸면 이렇게 대답하지요.
"날 좀 혼자 있게 내버려 둬요."

그런데 바로 이것이 병을 덧나게 하는, 악마의 작전입니다. 이불을 뒤집어쓰고 누워서 꼼짝도 하지 않는다고 해서 생각도 멈추어지던가요?

아니지요. 망상은, 슬픔은, 미움은 더욱 왕성해지지요. 그리하여 더욱더 고통이 심해져 옵니다. 이런 때는 벌떡 일어나야 합니다. 시험 발표를 보고 자기 이름이 없는 것을 확인한 바로 그날 책을 싸가지고 도서실로 향할 때 의지의 힘이 솟는 것입니다.

사랑하는 사람이 떠났을 때 의식적으로라도 다른 친구를 만나서 떠들어야 합니다. 그래야 상처가 쉬 아뭅니다.

사업 실패가 왔을 때 다른 일, 하다못해 집의 가구라도 몇 번을 다시 옮기는 동안에 편안한 잠을 잘 수가 있는 것입니다.

선거에 나갔다가 실패를 본 분이 개표장에서 집으로 가지 않고 곧바로 회사로 돌아와 일을 챙기더니 다음 날부터 무섭게 일을 하는 것을 본 적이 있습니다. 훗날 "의지가 놀라웠습니다" 하자 이렇게 대답하는 것이었어요.

"의지가 아니라 아플 틈을 주지 않기 위해서였다네. 나는 그때 몸도 마음도 만신창이가 되었었거든."

*

살을 줄이는 길 중의 길은 먹이를 줄이는 것이라는 걸 다 아시겠지요? 편안히 아주 멋지게 몸을 줄여 준다는 약 선전을 믿고 약을 썼다가 아예 살을 흙으로 바꾼 사람도 있었지요.

몸무게를 줄이려고 노력해 본 사람은 순간의 방심이 곧 '이것쯤은 어쩌려구'에 있다는 것을 잘 압니다. 조약돌로 탑을 올려 보면 위로 올라갈수록 하나 쌓기는 그렇게 어려우나 허물어지는 것은 잠깐인 것을 봅니다.

곁에서 '괜찮아, 괜찮대두' 하면서 권하는 사람, '이것쯤 어쩐다고 그래' 하면서 약 올리는 사람은 많아도 격려하는 사람은 없는 게 현실입니다.

이때 '나를 우습게 알고 있어' 하고 넙죽 받아들이면 한 달 노력이 한순간에 끝나는 결과가 됩니다.

이런 유혹이야 어디 꼭 살 빼는 데에만 해당되는 것이겠어요. 뇌물 관계라든지, 남녀 관계라든지, 한길을 가려고 한다든지, 이런 때는 꼭 벌어지는 장애물 경주지요.

훼방꾼이 따로 없습니다. 별에 이르는 길은 유혹과의 싸움에서 이겼을 때만이 사다리가 내려온다고 합니다. 긴장하며 살아야겠습니다.

*

징검다리가 있었습니다.

그런데 그 징검다리를 건너는 사람들은 비가 오면 문제가 생기곤 했어요. 곧 물이 넘치기 때문에 옷을 적시지 않으려면 무릎 위로 걷어올려야 하는 것입니다. 어느 날, 한 여학생이 바지를 무릎 위로 걷어올리고 건너다가 발을 헛딛고 말았습니다. 물에 바지 윗부분이 살짝 젖게 되고 말았지요.

그러자 그 학생은 '기왕 젖은 것' 하면서 조심성을 버렸습니다. 바지를 온통 버리면서 징검다리를 건넌 것입니다.

뒤따르던 다른 여학생 또한 발을 헛디뎠습니다. 그러나 이 학생은 무릎 위 옷이 약간 젖기는 마찬가지였으나 그녀는 조심하는 것을 끝까지 버리지 않았습니다. 그리하여 무사히 징검다리를 건넜습니다.

실수란 어쩌다가 생길 수도 있는 일입니다.

문제는 부분적인 실수로 전체를 포기해 버리는 데 있다고 생각합니다.

2
흰 구름 가는 길

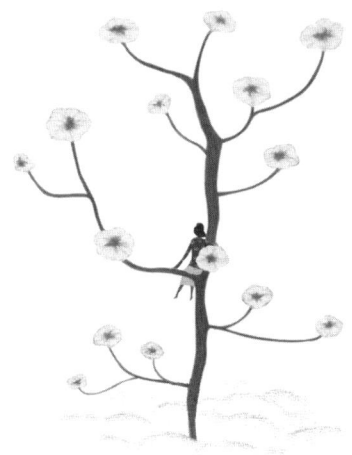

자취 일기

강원도 영동 지방에 폭설이 내려 교통이 끊겼다는 보도를 들었습니다. 자연히 스님이 떠올랐습니다. 혼자 계시는 스님께서 아침에 일어나셔서 문을 열다 말고 '어허' 하고 놀라실 모습이 눈앞에 그려진 것입니다.

하얀 눈으로 텃밭도, 마당도, 아니 정랑(淨廊) 가는 길조차도 메워져 버렸을 텐데 오늘은 어떻게 계십니까? 길을 놓쳐 버렸거나 혹은 먹을 것을 못 찾은 토끼나 고라니한테 고구마라도 던져 주고 계십니까?

언젠가 찬물에 손 집어넣기가 싫을 때도 있다고 하셨는데 끼니라도 거르지 않으셨는지요?

지난해 가을에 써 보내 주신 글이 생각납니다.

배고파 밥 먹으니 밥맛이 더욱 좋고

자고 일어나 차 마시니 그 맛이 더욱 향기롭네
　　외떨어져 사니 문 두드리는 사람 없고
　　빈집에 부처님과 함께 지내니 근심도 걱정도 없네

　저도 아침을 제 손으로 끓여 먹었습니다. 콩나물국 간을 보느라고 국자로 끓는 국을 떠 입에 넣었다가 입천장을 덴 것이 오늘의 추가 사항입니다.
　오늘 아침 우리 밥상에는 김치와 김, 콩자반과 파장이 올랐습니다. 김치와 김과 콩자반은 이 주간의 메뉴이고 파장이 어제저녁부터 갑자기 추가된 것입니다.
　웬 파장이냐구요? 여기에는 사연이 있습니다. 어제저녁 스님네 산골에는 소복소복 밑도 끝도 없이 눈이 내렸을 그 시간에 여기 도회에는 매서운 칼바람이 훑고 있었습니다.
　퇴근길에 친구를 만난 저는 오뎅 국물에 정종 대포를 한잔하고(딱 한 잔만 했습니다. 어젠) 전철을 탔습니다.
　술도 한잔한 데다 승객들도 많아서 전철 안에서는 몰랐었는데 밖으로 나오니 바람이 목덜미를 훔치는 것이었습니다.
　점퍼 깃을 올리고 잔걸음으로 걸었지요. 상가의 불빛은 유리창마다 넘쳐 나고 있었으나 버스 정류장에서 차를 기다리는 사람들은 어깨를 잔뜩 움츠리고 있었습니다. 여자의 외투 주머니 하나에 두 사람 손을 같이 넣고 걸어가는 젊은 남녀와 하마터면 부딪칠 뻔하였습니다.

그런데 스님, 고개 숙이고 걸어가는 내 눈에 얼핏 스치는 것이 있었습니다. 희미한 가로등 밑에 가라앉아 있는 쪽파 몇 단. 그 앞에는 한 할머니가 쪼그리고 앉아 있었습니다.

저는 그냥 몇 걸음을 옮겨 놓았습니다. 그런데 이번에는 전파사에서 흘려 놓고 있는 흘러간 유행가 가락이 귓바퀴를 도는 것이었습니다. 아니, 그것은 핑계일는지도 모릅니다. 제 속마음은 이미 그 할머니 앞의 쪽파한테 붙들려 있었으니까요.

저는 발걸음을 돌려 그 할머니한테로 갔습니다. 그리고는 쪽파 한 묶음에 얼마냐고 물었습니다. 할머니는 콧물을 면장갑으로 훔치며 천 원씩 받던 것인데 일곱 단 전부를 떨이로 사겠다면 6천 원만 달라고 했습니다. 지갑을 꺼내자 그 할머니는 혹시 내 마음이 변하면 어쩌나 싶었던지 서둘러서 비닐봉지에 쪽파를 담아 주었습니다.

쪽파한테서 매운 내가 올라왔습니다. 쪽파의 매운 내와 함께 집에 오는 길. 그 길에서 저는 그리운 저희 할머니 모습을 떠올렸습니다.

이런 겨울이면 저희 할머니도 텃밭에서 쪽파를 뽑아서 다듬고 묶어서는 머리에 이고 읍내 장으로 팔러 다니셨던 것입니다.

언젠가 한번은 새벽녘에 눈이 매워서 잠이 깨었습니다. 윗목을 보니 할머니가 희미한 등잔불 아래에서 파를 다듬고 있었습니다. 나는 눈이 매워서 잠을 잘 수가 없다고, 할머니더러 나가서 하라고 투정을 부렸습니다. 그러다가 그날은 다시 잠을 잤던 것으로 기억합니다.

  후일, 새벽에 잠이 깨보니 옆 자리에 있어야 할 할머니가 안 보였습니다. 내가 속을 썩일 때마다 팔을 베고 도망가 버리겠다고 엄포를 놓던 할머니인지라 어린 나는 더럭 겁이 났습니다.

  문을 발로 차고 밖으로 나갔습니다. 밖에는 눈바람이 불고 있었습니다. 할머니를 찾아보니 할머니는 다른 곳이 아닌 찬 부엌에 웅크리고 앉아서 파를 다듬고 있었습니다.

  스님, 저 참 못된 아이였지요? 그날처럼 찬바람이 빈 나뭇가지를 흔들고 있군요. 이 겨울 얼마 동안은 제 자취 식탁에 파장이 빠지지 않을 것입니다. 아니, 나물도 해먹고 김치도 담가 보겠습니다. 일곱 묶음이나 되니까요.

  안녕히 계십시오.

아기가 되고 싶습니다

　스님께서도 관심을 가지고 계시는 그 스티븐 호킹(케임브리지 대학 루카시안 석좌 교수) 박사가 최근 미래와 과거를 넘나드는 '시간 여행'이 가능하다는 견해를 밝혔다는군요. 그러니까 곧 출간될 《우주 여행의 물리학》(로렌스 크라우스 지음)의 서문에서 '초고속으로 항성 사이를 여행할 경우 생길 수 있는 현상 중 하나는 과거로 되돌아갈 수 있다는 것'이라고 했다 합니다.

　그래서 저도 이 소원을 말할 수 있는 용기를 내게 되었습니다. 스님, 제가 과거 속으로 되돌아갈 수 있다면 정말 저는 아기 시절로 돌아가고 싶습니다. 그리하여 날이면 날마다 엄마의 얼굴을 마음껏 마음껏 쳐다보며 놀겠습니다.

　할머니가 어르면 그 어름보다도 더 많이 까르르 까르르르 웃겠습니다. 도리도리 짝짜꿍을 신나게 하겠고 자장가를 불러 주면 달게 달게 잠을 자겠습니다.

때로는 울 때도 있겠지요. 배가 고파서, 또는 엄마가 보고파서 어른들이 싫어하는 떼를 쓸 것입니다. 그러나 언제까지 울겠어요? 아기 참새가 얼레꼴레 놀리고, 흰 구름이 두둥실 떠가는데…….

그리고 동요처럼 바다가 자장노래를 불러 주면 스르르 팔을 베고 콧물을 쬐끔 내놓은 채로 잠이 들지 않겠습니까?

그날로 돌아갈 날을 꿈꾸며 〈섬집 아기〉를 불러 보겠습니다.

엄마가 섬 그늘에 굴 따러 가면
아기가 혼자 남아 집을 보다가
바다가 불러 주는 자장노래에
팔 베고 스르르르 잠이 듭니다.

저녁 종소리

해남 미황사를 다녀왔습니다.

봄이 무르익을 대로 무르익은 남도 길에서는 꽃을 떼어 놓고는 시선을 건넬 데가 없을 정도였습니다.

저와 눈 맞춘 꽃들을 대충 적어 보자면 이렇습니다. 무꽃, 배추꽃, 갓 꽃, 쑥갓 꽃, 유채 꽃, 자운영 꽃, 토끼풀 꽃, 민들레 꽃, 독새풀 꽃, 탱자 꽃, 싸리 꽃, 찔레꽃, 돌배 꽃, 산복숭아 꽃, 애기똥풀 꽃, 제비꽃……

이 정도는 제가 알아맞힌 꽃 이름들입니다만 부끄럽게도 알지 못하는 꽃들도 상당하였습니다.

아무튼 '니만 꽃 있느냐? 여기 내 꽃도 봐라'며 꽃들이란 꽃들은 서로 다투어서 다 피어 있는 듯한 꽃들 세상이었습니다.

아마 지금쯤은 '요것들 보소잉. 어디 꽃 벼락 한번 맞아 보라'며 아카시아 꽃이 확확 팝콘처럼 퍼져 버렸을 테지요. 감꽃도 소록소록 피어났을 테고…….

그러나 뭐니 뭐니 해도 지난 봄 길에 저는 너른 들녘 가득히 출렁이고 있는 보리를 볼 수 있어서 참 반가웠습니다. 보리들은 이삭을 볼록볼록하게 배고 있었습니다만 더러는 목을 내놓고도 있었습니다. 살찐 보리 이삭을 보고 있자니 만감이 교차되더군요. 보리를 구워 먹던 일이며 보리 이삭을 줍던 일이며…….

달마산 자락에 있는 미황사에는 앞 버스를 놓쳐서 자그마치 차부에서 한 시간 반을 기다렸습니다. 덕분(?)에 나물 보퉁이를 내려놓고 앉아 있는 아낙네로부터 아들이 꽁(공)을 기가 막히게 잘 찬다는 자랑도 듣고, 막무가내로 '더 줘, 더 줘'라고 하는 걸인한테 먹던 비스킷을 고스란히 빼앗기기도 하였습니다.

하루에 여섯 번 운행한다는 그 노선의 다섯 번째 버스를 타고 미황사에 도착한 시간은 오후 4시. 경내에는 기울고 있는 햇살 아래 석류꽃이 다소곳이 피어 있었습니다. 다도해를 바라보면서.

아, 대웅전의 부처님이 하염없이 내다보시고 계시는 다도해에는 이내만 어려 있어 저는 공복감을 느꼈습니다.

한동안 뒷산에서 뻐꾸기가 운 뒤에 보니 석류꽃 한 송이가 깨어진 기왓장가에 떨어져 있더군요. 해 역시도 수평선 너머로 뉘엿뉘엿 지고…….

문득 천지에 노을이 든다고 생각하다 말고 저는 보았습니다. 지는 해를 배웅하고 있는 부처님의 발그레한 입술에서 번져 나오고 있는 노을을.

아아. 노을이 어이 생기는지를 알고자 하는 사람은 미황사에 가서 해 질 무렵에 있어 보면 알게 될 것이라고 말씀드릴 수 있겠습니다.

저녁 종소리를 들으며 산문을 나섰습니다. 차가 다니는 신작로에 나왔을 때는 어둠의 잔 깃털들이 다가들어 가게의 불빛을 호박꽃처럼 노오랗게 밝히고 있었습니다.

가게 주인은 막차가 떠난 지 한참 된다고 하였습니다. 어미 개 한 마리가 젖을 출렁거리며 신작로를 유유히 건너간 뒤에 보니 하늘에 별들이 나오기 시작하더군요. 건너편 논에서는 개구리들 합창이 한창 어우러지고……

길가 간이 정류장에 혼자 우두커니 앉아 있다가 깜빡 졸았는지도 모르겠습니다.

클랙슨이 울려 눈을 떠보니 화물 트럭이 멈춰 서서 타라고 손짓을 하고 있었습니다.

그날, 미황사에서 저녁 종소리를 들으며 떠나와서 그런지 그날 밤 꿈에서는 별것 아닌 일에 아주 많이 울었습니다.

부끄러운 속 이야기를 드렸군요. 이해를 구합니다.

'나'가 '나'에게

　한때 내가 나를 아주 싫어한 적이 있습니다. 하는 '생각'이 하는 '짓'이 도통 마음에 들지 않아 거울 앞에 서서 '이 한심스러운 녀석아' 하고 욕을 해댄 적도 있고 '불쌍한 녀석' 하고 혀를 찬 적도 여러 번이었습니다.
　윤동주 시인의 〈자화상〉에는 산모퉁이 돌아 외딴 우물을 찾아가서 들여다보는 '나'가 나오는 것을 스님도 알고 계시지요? '미운 사나이'와 '가엾은 사나이' 사이를 왕복하는, 그리하여 마지막 연(聯)에 이르면 어쩐지 '그리워지는 사나이.'
　저는 아직 제가 그리워지지는 않습니다. 다만 내가 나를 사랑하지 않으면 누가 사랑하랴 싶어서, 최근에야 나를 물끄러미 들여다보는 일이 많아졌습니다.
　흰 머리칼이 제법 희끗거리고 눈주름도 제법 보이고 보기 싫게 살이 쪄가는 중년 남자. 쓸 만큼 쓰여서 그런지 지난봄에는 잇몸 공사도 다시 하고 안경 도수도 한 급 더 높였습니다.

  5월에는 갑자기 유명을 달리한 친구가 생긴 데다가 주위의 권고도 있고 해서 생전 처음 종합 검진이라는 것을 받았는데, 내장 가운데 두 군데에 재검진이 떨어졌습니다.

  다시 오라고 한 날, 잔뜩 주눅이 들어서 갔더니 위는 벽이 좀 헐었다며 약을 주었고 간은 절주(節酒)하라는 명령을 받았습니다. 그래도 금주 아닌 절주여서 천만다행이었습니다만, 한편 그동안 내장한테 함부로 대한 것을 사과하지 않을 수 없었습니다. '미안하네' 하고요.

  어제는 거울 앞에서 남한테는 헤펐으면서도 나한테는 인색했던 미소를 쑥스러움을 무릅쓰고 선사하였습니다. 오늘 밤은 나를 껴안아 줄 생각도 하고 있습니다.

  스님, '나'는 '나'이어서 행복한 것이겠지요.

  장마철입니다. 스님네 앞 도랑에 물소리가 크겠네요. 도랑물한테도 안부를 전합니다.

초등학교 운동장가에서

보러 갔던 일이 예상했던 것보다 일찍 끝난 날의 일이었습니다. 예매해 둔 열차 시간까지는 자그마치 3시간 30분이나 남아 있었습니다.

역에 가서 좀 이른 차표로 바꿀 수 없느냐고 했더니 휴가 시즌이라서 한 좌석도 없다고 했습니다. 참 막막하였습니다.

극장에 가서 영화라도 볼까 했더니 그곳 극장에선 아예 조조라는 것이 없었습니다. 치과라도 있다면 스케일링이라도 할 텐데……. 목욕탕도 여름 기간 내부 수리 중이라며 휴업 간판을 내놓고 있었습니다. 그렇다고 다방에 들어가서 몇 시간이고 앉아 있기도 뭐해서 이리저리 생소한 작은 읍내를 기웃거리고 다니는데 방학 중인 초등학교의 텅 빈 운동장이 보였습니다.

플라타너스 그늘 아래 벤치도 있고 해서 열려 있는 쪽문으로 들어갔습니다. 학교의 화단에는 누구 한 사람 보아 주는 사람이 없는데도 칸나며 백일홍이며 과꽃이며 봉숭아가 피어 있었습니다.

그리고 유년 시절 '내 꽃'이라고 한 채송화도 피어 있었습니다. 키가 너무 작아서 꽃꽂이에도 끼이지 못하는 꽃. 그러나 돌자갈 틈새에서도 기죽지 않고 피어나는 꽃.

누구나 다 그랬겠지만 속상하면 책상에 금 그어 놓고 필통의 귀퉁이조차도 걸치지 못하게 하고, 선생님 몰래 책상 밑으로 발 싸움을 곧잘 벌이던 짝꿍 가시내가 있었지요.

한번은 화단에서 잡초를 뽑고 있는데 내가 쇠비름이라고 뽑은 것 중에서 "바보야. 이건 채송화야" 하고선 풀 하나를 빼앗아 가서 다시 심는 것이었습니다. 그리고 얼마 후, 그 잡초 같은 풀에서 진자주 꽃이 피어났을 때 그 가시내가 나를 불러 내서는 "니 꽃이 피었다"고 하였습니다. 이게 왜 내 꽃이냐며 어리둥절해하자 그 가시내가 이렇게 말한 것을 기억합니다.

"니 이름이 채송화 채, 봉숭아 봉 아니냐!"

화난을 지나 수돗가에 이르자 그곳 땅바닥에는 아이들이 와서 땅뺏기 놀이를 한 듯 금 그어 놓은 자국들이 선명하였습니다. 어쩌면 우리 어른들이 지금 벌이고 있는 소유 싸움도 높은 곳의 신이 보시기에는 이렇듯 땅 뺏기 놀이를 하는 것처럼 보이지 않을까 생각합니다. 때가 되면 이렇듯 팽개치고 불리어 갈 텐데 왜 그리 눈을 부라리고 빼앗으려고들 바동거리는지……

플라타너스 그늘의 빈 그네에 앉아 흔들어도 보고, 벤치에서 책을 읽다 보니 잠자리가 한 마리 내 어깨에 앉아서 눈을 뒤룩거리기도 하였습니다. 매미들 노래를 들으며 여름 한낮의 흰 구름을 우러르고 있는데 아이들의 재잘거리는 소리가 들렸습니다.

언제 들어왔는지 1~2학년쯤 되어 보이는 여자 아이 둘이 저만큼 떨어져 있는 철봉대 밑의 모래밭에서 까치집을 지으며 놀고 있었습니다.

나는 그쪽으로 발을 옮겼습니다. 아이들은 고개를 들고 나를 경계의 눈빛으로 쳐다보았습니다. 나는 상의를 벗어 철봉 대에다 걸며 말을 붙여 보았습니다.

"나도 까치집 지을 줄 안다."

아이들은 서로의 얼굴을 마주 보며 '웃긴다 그지?' 하는 표정으로 입을 비죽 내밀어 보였습니다.

나는 거침없이 모래 속에 내 왼손을 집어넣었습니다. 그러고는 오른손으로 모래를 끌어올려 다독거리며 흥얼거렸습니다.

"까치야, 헌 집 줄게. 새집 다오. 까치야, 헌 집 줄게. 새집 다오."

아이들도 갑자기 나타난 경쟁자에게 질 수 없다는 듯이 더 크게 모래를 다독거리며 더 크게 노래하였습니다.

"까치야아, 헌 집 줄게에. 새집 다아오. 까치야아, 헌 집 줄 게에. 새집 다아오."

그러나 우리들의 신나는 까치집 짓기는 오래가지 못하였습니다. 아이들의 엄마인 듯한 한 여인이 나타나서 유괴범이 아닌가, 하는 염려스러운 눈빛으로 나를 훑어보며 아이들을 데려가 버렸기 때문입니다.

둘 중 한 아이가 돌아보며 나를 향해 '약 오르지롱 낼롱' 하며 혀를 쏙 내밀어 보여서 무안을 씻을 수 있었습니다.

하기는 그 여인만을 탓하기 어려운 세상인 것을 저도 압니다. 오스카 와일드가 신의 몸이라고까지 한 어린이들에게 얼마나 못된 짓을 하는 어른들입니까.

시계를 보니 어느덧 기차 시간이 되어 있었습니다. 나는 상의를 입고 가방을 들고 적막한 그 초등학교 운동장을 가로질러 나와 역으로 향했습니다. 생각지도 않은 좋은 망중한(忙中閑)이었습니다. 또 소식 드리겠습니다.

상흔

 오늘은 제 육신에 있는 상흔에 대해 말씀드리려고 합니다. 지금은 가물가물 엷어져서 확연하지 않습니다만 제 무릎의 상흔들은 가히 '추억 창고'라 해도 지나치지 않을 것입니다. 어렸을 때는 딱지가 없던 날이 드물었으니까요.
 저의 아이 시절 별명이 여럿인데 그중의 하나가 '먼산바라기'일 정도로 시선을 늘 먼 곳, 그러니까 아득한 산이나 수평선에 두었던 모양입니다. 그러니 무릎이 성할 리가 있었겠습니까.
 그런데 이 무릎의 상흔에서 동화를 몇 편 건져 올리기도 했었습니다. 마감이 다가오는데 제재가 나타나지 않아 끙끙 앓던 중 우연히 무릎의 상흔을 보게 된 것입니다.
 바닷가, 혹은 고갯마루 길을 달리다가 넘어져서 울고 있는 사내아이……. 아아, 그 시절 흔히 '아까징끼'라고 하던 머큐로크롬조차도 보기 어렵던 시절…….

피 흐르던 내 무릎에 흙을 뿌려서 지혈을 시켜 주던 그 가시내도 이제는 흰 머리카락이 늘고 있겠지요?

지금은 머리를 기른 관계로 잘 숨어 버렸지만 제 정수리에는 머리카락조차도 나지 않는 함몰 부분이 있습니다. 황소 녀석의 뒷발에 차여서 생긴 것이지요.

그러니까 이런 봄날이었어요. 그때만 해도 아랫녘에서는 논마다 자운영을 키워서 모심기 전에 갈아엎어 퇴비로 삼곤 했던 것을 스님도 알고 계시리라 믿습니다. 그런데 토끼풀 사촌뻘쯤 되는 그 자운영의 꽃은 어쩌면 그렇게 예뻤던지요?

어린 내가 보기에는 가히 자운영 꽃밭인 논에 어른들이 무심하게 물을 대고 쟁기로 갈아엎어 버리는 것을 보면서 울던 일이 생각납니다.

그날 그 사건은 황소가 논두렁길을 뚜벅뚜벅 걸어가면서 똥을 큼직큼직이 누는 것을 내가 본 것으로부터 시작되었습니다.

그 논두렁에는 자운영꽃이 질펀하게 피어 있어서 내가 참 좋아라 했는데 황소의 똥 벼락에 자운영 꽃이 수없이 파묻히는 것이었습니다. 저는 겁없이 황소의 허벅지를 밀었던 것으로 기억합니다. 황소의 주인은 내가 황소의 꼬리를 잡아당겼었다고 했는데 그렇게 무모하게 굴지는 않았습니다. 그러자 황소가 신경질적으로 뒷발질을 했겠지요. 그 순간 어린 저는 논두렁 아래로 굴러 떨어지면서 머리가 돌에 받혔던 것입니다.

스님. 오늘은 달리 드릴 말씀이 없어서 제 몸의 상흔을 꺼내 보았습니다. 그러나 분명한 사실은 제 육신의 상흔보다도 제 마음속의 상흔이 몇 배 더 많고 크다는 것입니다. 하기는 랭보라는 시인도 '상처 없는 영혼이 어디 있으랴'라고 읊었습니다만.

스님의 심신에는 빗금 하나도 걸쳐지지 않는 나날이기를 기도드립니다.

옛 절터에서

고향 재 너머에 있는 친구의 옛 절터 밭에 왔습니다. 고구마와 깨와 고추가 자라고 있는 이 절터 밭의 고구마 둔덕이 금 가고 있는 것으로 보아서 고구마가 제법 굵은 것 같습니다.

깨꽃도 하얗게 피었고, 고추도 불긋불긋 익어 가고 있습니다. 어렸을 때 하던 것처럼 깨꽃을 따서 뒤꽁무니의 단물을 빨면서 서 있자니 밭 귀퉁이에 있는 3층 석탑이 눈에 들어옵니다.

저 석탑은 알고 있습니다. 불과 며칠 전 이 밭의 주인이 세상을 떠난 사실을.

그는 어릴 적 나의 어깨동무였습니다. 친구는 병문안을 간 나에게 이런 삽화를 얘기하였지요.

"너는 그날그날 있었던 일을 일기로 쓰는 것이 아니라 며칠 치를 미리 써놓고 일기에 맞춰 나를 끌고 다녔어. 소 먹이러 가야 하는데 바닷가에서 나하고 까치집을 지으며 놀았다고 일기에 썼다면서 바닷가로 데리고 가지를 않나……."

친구는 이 밭을 끔찍이도 사랑했나 봅니다.

"재 너머 절터 밭에 참깨 꽃이 피었는지 모르겠다"며 유리창을 바라보던 눈이 지금도 떠오릅니다.

하필이면 친구가 운명하던 때 이사한 관계로 내가 뒤늦은 부음을 받고 왔을 때에는 이미 친구의 무덤 앞에 국화꽃이 시들어 있었습니다.

나는 문득 친구가 중얼거리던 '재 너머 절터 밭'에 오고 싶었습니다. 그가 씨 뿌리고 김매고 거름 주어 가꾸었던, 그가 사랑한 밭과 농작물을 보고 싶었던 것이지요.

재에 올라서서 바라보니 친구의 밭은 주인을 잃었는데도 축나지 않고 있었습니다. 아니, 주인의 사랑을 나타내 보이고자 함인지 더욱 푸르렀습니다. 고구마도, 참깨도, 고추도. 나는 저 세상의 친구한테 보고합니다.

"풍년일세, 이 사람아."

이제 생각이 나는군요. 어린 시절, 우리는 이 밭의 먼저 주인 애를 어지간히도 태웠습니다. 특히 보리를 막 파종한 늦가을에 연을 날리러 와서 북새통을 이루며 놀았었지요. 이 밭언덕에서 연을 날리면 이상하게도 연이 높이 멀리 날았고, 별 또한 잘 들었기 때문입니다.

아마도 이 밭 어디메에 묻혀 계시는 부처님이 하도 적적하시니까 어린 우리들을 그렇게 불러서 놀게 한 것이 아닌가 생각합니다.

한 줄기 바람에 길가 미루나무의 잎사귀들이 일제히 흔들립니다. 야, 어디엔가로 보내는 과거 속 아이들의 소리 없는 환호 같기도 합니다. 그러나 저 여린 바람에도 지는 꽃잎이 있습니다. 밭고랑으로 지는 하얀 깨꽃이 바로 그들입니다.

나는 문득 한 생각에 잡혀 듭니다. 내가 서 있는 여기 이 자리가 찬란했던 시절에는 어디쯤이었을까 하는.

대웅전 앞 마당께일지, 후원일지, 종루로 오르는 층계일지, 명부전의 뜰방일지…….

나는 미루나무에 기대어 서서 눈을 감고 더듬어 봅니다. 고래등 같은 용마루, 처마 밑에 달려 있는 풍경, 부엌에서 산나물을 무치고 있는 손이 큰 비구 스님, 선방에는 면벽하고 참선에 빠져 있는 스님들 또한 있겠지요. 그렇습니다. 어떤 동자승은 노스님의 방에 군불을 넣고 있을지도 모를 일입니다

누군가 대갈일성 하는가 싶어 눈을 뜹니다. 밭에는 그냥 고구마 줄기가 뻗어 가고, 깨꽃이 이울고, 고추가 익어 가고……. 아니, 그동안 고구마 줄기가 한 눈금 더 자랐겠고, 깨꽃이 스러지면서 깻물에 고소한 기운이 더 짙어졌겠고, 고추에 빨간 물이 한 겹 더 덮이기도 하였겠지요.

아, 아까의 대갈일성은 저기 저 산자락에서 풀을 뜯고 있는 소가 지른 것임을 이제야 알겠습니다. 소가 다시 한 번 길게 길게 '음매

애' 합니다. 시장에 팔려 나간 수소를 그리는 울음일지도 모른다는 생각을 합니다.

먼 훗날의 내 모습도 생각해 봅니다. 어느 산비탈에나 밭두렁께에 허허롭게 들어 있을 이 육신. 거기 내 무릎께나 명치끝 어디쯤을 눈이 큰 사마귀 한 마리가 밟고 서서 오늘의 나처럼 흘러가는 이 세상 소리에 귀 기울이고 있을지도 모를 늦여름 날의 오후.

새벽에는 갈비뼈 아래쪽이 섬벅하고 베이는 느낌에 잠을 깼습니다. 가만히 손가락으로 만져 봤으나 멀쩡하였습니다.

아하, 그제야 나는 문틈으로 가을바람이 들었다는 것을 알았습니다. 아마 내 가슴을 훔친 그 바람은 그길로 산정이나 강가로 달아나서 만만한 잎사귀나 갈대에 내 선혈 기운을 묻혔으리라 생각합니다.

이제 이 밭언덕을 떠날까 합니다. 마을에 들러서 막걸리 한 사발을 단숨에 들이켜고 풋고추에 열무김치를 둘둘 감아 톡 터뜨려 먹고 싶습니다.

내 친구의 명복을 빌어 줄 것을 부탁 올리며 이만 맺습니다. 안녕히 계십시오.

풀 향기

　영화가 끝나고 환하게 불이 들어왔는데도 좀체로 일어나지지가 않는 일이 최근에 있었습니다. 이란 사람 압바스 키아로스타미 감독의 〈내 친구의 집은 어디인가〉라는 영화가 바로 그렇게 절 꼼짝달싹하지 못하게 만들었습니다.

　영화 줄거리는 지극히 단순합니다. 동화를 쓰는 저한테 이런 이야깃거리가 있다면 이미 20·30매 분량으로 소화해 내지 않았을까 생각합니다만, 키아로스타미는 1시간 25분의 필름에 인간의 아름다운 구원이 동심에 있음을 너무도 잘 담아서 보여 줍니다.

　영화는 어린 날 우리들 모습과 진배없는 왁자지껄한 교실에 선생님이 들어오는 것으로부터 시작합니다. 선생님이 나타나자 일순 교실은 조용해지나 한 아이가 묻지도 않은 말을 했다고 해서(어디에나 이런 아이는 꼭 있게 마련입니다) 선생님의 주의를 받는 동안 지각한 아이가 헐레벌떡 들어오고……. 선생님은 우리도 가슴 졸였던 그 숙제 검사를 합니다.

그런데 네마자데라는 아이의 숙제를 들여다보던 선생님은 숙제를 숙제장에 해오지 않고 낱장에 해왔다고 북북 찢어 버리며 경고합니다. 다음번에도 숙제를 숙제장에 해오지 않으면 퇴학시켜 버리겠노라고.

네마자데는 책상에 엎드려 슬프게 웁니다(감독은 이 아이에게 전날 잃어버린 폴라로이드 카메라를 생각해 보라고 하자 단번에 슬픈 울음을 내놓게 되었다고 합니다). 이를 가슴 아프게 건너다보고 있는 짝꿍 아마드……. 그런데 짝꿍 아마드가 학교를 마치고 집에 와서 숙제를 하려고 가방을 열어 보니 네마자데의 숙제장이 자신의 가방 속에 묻어와 있는 것이 아니겠습니까.

아마드의 아름다운 여정은 이때부터 시작됩니다. 친구가 숙제장에 숙제를 해오지 못해 정말로 학교에서 쫓겨날까 봐 멀고도 먼 친구 집을 찾아 나서는 것입니다. 친구의 숙제장을 옆구리에 꼭 낀 채.

마침내 친구가 사는 동네에는 이르지만 친구 집을 찾지 못한 아마드는 문에 관련된 사람들의 이야기와 삶에 지친 노인들의 그늘만을 대하고 돌아오게 됩니다. 이 과정에서 아이는 속화되어 버린 오늘의 어른들에게 잃어버린 동심을 돌아보게 합니다. 그중에서도 친구네 집을 잘못 가르쳐 준 노인이 실망할까 봐 숙제장을 옷 속에 감추고 친구를 만났다고 한 거짓말은 신이 보시기에도 기특하게 여겨지는 거짓말이라고 생각합니다.

배가 고픈데도 자식한테 한 수저라도 더 먹이기 위해 물이나 마시면서 난 아까 부침을 좀 먹었더니 어쩌구 하는 우리들 어머니의 거짓말처럼.

아아. 그리하여 이튿날 떠들썩한 교실에 들어오는 선생님과 비어 있는 아마드의 자리. 숙제를 내놓으라고 했을 때 그만 책상에 엎드려 버리는 네마자데. 숙제 검사를 시작하는 선생님.

이때 문이 열리며 아마드가 들어오지요. 아마드는 가방을 열어 네마자데에게 그의 숙제장을 건네주며 친구의 숙제까지 해왔음을 알리고……. 네마자데의 숙제장을 세밀히 살핀 선생님은 잘했다는 칭찬과 함께 사인을 하고(우리는 동그라미 서넛을 받았었지요)…….

바로 그 숙제장에 전날 아마드가 네마자데 집을 찾느라고 애가 탔을 때 노인이 따준 풀꽃이 끼여 있어 그 풀꽃이 클로즈업되며 영화는 끝이 납니다만, 이 별것 아니라면 별것 아닌 소박한 이야기가 우리들 가슴을 훈훈하게 한 것은 무슨 이유일까요?

엉덩이에 뿔 돋고 있는 것 같은 오늘의 인류에 그래도 신의 축복이 그치지 않고 있는 것은 지체 높은 어른들의 훈장(업적)이 아니라 이런 지순한 동심의 풀꽃에 있다고 생각됩니다.

압바스 키아로스타미 감독이 이 영화의 영감을 받은 시가 있기에 옮겨 봅니다.

"친구가 머무는 곳은 어디인가?"
기병의 목소리가 새벽에 울려 퍼진다.
방금 하늘이 멈춰 서고, 사막의 어둠을 향해 행인은 손을 내민다.
빛나는 종려나무 가지를 입술 안에 머금고,
그러곤 은 백양나무를 가리키며 말한다.

"이 나무로부터 그리 멀지 않은 곳에
숲이 우거진 오솔길이 있지
신의 환영보다 더욱 푸른 곳
그곳의 사랑은 진실의 깃털만큼이나 푸르구나.
너의 이 작은 길의 깊숙한 곳까지 가보렴.
길의 저편에서 청춘이 시작되리니.
그러면 너는 고독의 향기를 향해 몸을 돌리겠지.
향기를 향해 두 걸음을 옮기곤, 너는 멈춰 설지도 몰라.
네가 선 곳은 그 땅의 신화가 용솟음치는 샘, 그 언저리.
그곳에서 너는 투명한 공포에 떨게 되겠지:
이 신성한 공간에서 친한 이와 너울대며
너는 듣게 되리라. 무언가 희미한 소리를:
너는 보게 되리라. 흐드러지게 늘어진 소나무 위에 앉아
빛의 보금자리에 사는 아이들의 넋을 빼앗으려 하는 한

아이를.
그리고 너는 그에게 묻겠지:
친구가 머무는 곳은 어디인가?"
— 소흐랍 세페리Sohrab Sepehri, 〈친구가 머무는 곳〉

나의 미네랄

오늘은 하늘에 구름이 끼어 있습니다만 봄볕을 느낄 수 있습니다. 공휴일 한나절, 창가에 서 있는 저보다도 동백꽃이 먼저 배시시 웃고 있네요. 구름 속에 가려 있는 해를 알아보고 미소 짓는 저 동백.

저희 집에 있는 몇 개의 분(盆) 가운데 제일 나이를 많이 먹은 것입니다. 딸아이 리태와 열여덟 살 동갑내기이니까요.

저 동백의 고향은 남녘 땅입니다. 저와 같은 출신이지요. 그러니까 딸아이를 얻은 달에 고향 친구한테 엽서로 자랑했더니 저 동백을 분재해 보내오면서 '순정 있게', '아름답게' 키우라는 당부를 했습니다.

그동안 저 동백은 신통찮은 주인을 만난 탓에 수없이 이사를 다니면서 죽을 고비를 두서너 번 넘기기까지 했습니다. 동백과 동갑인 딸아이는 나이가 들면서 미운 짓도 하고 반항도 하고 그랬지만 저 녀석은 그저 묵묵히 음력 동짓달이 되면 어김없이 꽃을 피우곤 했습니다.

이웃 난(蘭)들은 고집도 있어 잘 삐치곤 하는데 저 녀석은 참 무던

하지요. 그런데 지난해에 집안일이 좀 생겨서 저한테 무심했더니 쑥대머리가 되어 있는 것이었습니다. 뒤늦게 단발을 했는데 참 생명이란 허무하기도 하지만 무섭기도 하다는 것을 그때 알았습니다. 당장 새순을 내놓더라구요. 그러고는 새순에 꽃망울을 맺기도 했는데 글쎄 그 망울이 이번에 문을 열었지 뭡니까.

개량종 겹꽃이 아닌 재래종 홑꽃인 동백의 찬란함을 스님은 아시지요? 그런데 이번에 보니 꺾인 가지에서 나온 새순의 꽃이 더 아름다웠습니다.

엄동설한에 기죽지 않고 피어나는 꽃. 그것도 꺾인 가지에서 더 찬란한 꽃등을 내놓는 저 '웃기네' 하는 오기. 저와 동갑내기인 열여덟 살 딸아이는 이렇게 말했습니다.

"우리 아빠한테 아부 한번 잘한다야!"

아마도 동짓달에 생인이 있는 나한테 속잎을 내밀어 보이는 것이 아니꼬워서(?) 하는 말인지도 모르겠습니다만 그래도 저 동백의 아부는 얼마나 순진합니까. 제가 회사의 인사(人事) 신고를 스님께 거수경례로 했더니 스님께서도 벌떡 일어나셔서 거수경례로 받으시더라는 말을 친지에게 하자, 그중 한 사람이 이런 말을 했습니다.

"그 아부에 그 화답이네."

그렇더라도 저는 이런 아부는 얼마든지 하겠습니다. 저 동백꽃 같은 화답이 있다면야.

어떤 연하장

어떤 방송에 나갔더니 진행하시는 분이 "자랑할 것이 있으십니까?" 하고 물었습니다. "있지요" 하고 간단히 대답했더니 자못 궁금하다는 표정으로 "무엇입니까?" 하고 다그쳐 물었습니다.

나는 "친구들"이라고 대답했습니다. 방청객 가운데 고개를 끄덕인 사람이 있는가 하면 '에계계' 하는 사람도 있는 걸 보았습니다.

내가 이 세상에 와서 누리는 복을 말한다면 '참으로 좋은 사람들'을 만난 것이라고 고백하겠습니다. 삶의 질을 중요시하고, 작은 기쁨을 크게 안아 들이는 가슴을 형성케 하여 주신 분들의 은혜는 두고두고 잊지 못할 것입니다.

친구들도 여러 친구들이 있습니다만 근년에 이런 친구가 있어 보고드리려고 합니다. 키가 나보다 목 하나는 더 있을 만큼 크고 술도 그만큼 센 친구지요. 그런저런 일로 만나서 술을 마시면 나는 늘 비몽사몽간에 헤매게 되는데 이 친구는 그저 무릎이나 약간 흔들고 있을 뿐입니다.

한때 마음 산란한 일이 있었을 때 이 친구 집에는 내 몫의 칫솔이며 양말이며 반바지까지 챙겨서 놓아 있는 방이 있었습니다. 취한 나를 번번이 떠메고 가서 재운 것입니다.

한번은 비가 퍼붓는데 굳이 내가 택시를 타지 않겠다고 떼를 쓰더랍니다. 할 수 없이 여의도에서부터 걸어서 친구의 목동 집까지 비를 쫄딱 맞고 갔다고 하는데, 어지간한 친구의 부인도 이때는 참을 수 없었던지 "옐로카듭니다" 하고 경고를 주었습니다.

지난해 송년 모임에서였습니다. 친구가 수첩 중의 한 장을 끊어서 '송구영신(送舊迎新)'이라고 써서 주었습니다. 그런데 그 안쪽을 들여다보니 웬 택시 번호가 줄줄이 적혀 있는 것이었습니다. 무심히 무슨 택시 번호냐고 물었지요. 그러자 친구가 씩 웃으며 대답하였습니다.

"금년에 너 태워 보낸 택시 번호들이야 마음이 안 놓여서 그냥 있을 수가 있어야지."

바깥으로 나오니 그날따라 눈이 오고 있었습니다. 마음이 가라앉을 때까지 한참을 걸었습니다.

스님, 이만하면 괜찮은 나의 자랑거리가 아닌가요?

청안(淸安)하셔요.

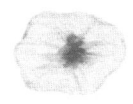

3
파도에게 주는 말

'순간'이라는 탄환

생명은 우리들 눈에 보이는 생물에만 있는 것이 아니다. 눈에 보이지 않는 세포만 포함할 것이 아니다. 생물도 세포도 아니지만 시간에도 생명이 있다고 나는 생각한다.

당신이 지금 뒤로 흘려보내고 있는 시간을 보라. 죽은 토막도 있을 것이고 산 토막도 있을 것이다.

자연만 푸르게 칠할 것이 아니다. 당신한테 있어 풍풍 뛰는 생동감 있는 시간을 푸르게 칠해 보라. 아니, 정확하게 말해서 내 것이 되지 못한 시간을 저 죽음의 회색으로 칠해 보라. 당신의 시간대는 사막의 띠가 되어 있을 수도 있고, 초원의 띠가 되어 있을 수도 있다. 그런 점에서 나는 바쁘기만 한 현대인인 당신에게 '고독한 시간'을 가질 것을 전하고자 한다. 오늘을 사는 우리는 '고독'을 잃어버린 지 오래이다. 언제부터인가 허둥거리면서 살아오는 동안 '고요'라는 말조차도 아득해져 있지 않은가.

시골 대청마루에 세상 편하게 대(大) 자로 누워서 듣던 한낮의 수탉 울음소리, 벽시계가 정시를 알려 주던 그 '데엥 데엥' 하는 여운……. 이러한 것들을 잃고 산다는 것은 소음으로 우리의 시간이 사살되고 있다는 말이 된다.

내가 말하는 소음이란 시끄러운 소리만을 일컫는 것이 아니다. 내가 나를 느끼지 못하는 분주함, 눈 뜨면 옭조이는 걱정거리들, 아니 눈 감아도 떠날 줄 모르는 저 매임이 아우성처럼 들끓고 있으니 소음이 아니고 무엇이겠는가.

당신의 그 일상을 다시 짚어 보라.

일을 한다기보다는 일에 늘 쫓겨 다니고, 내가 한 약속도 나는 상대의 맞은편일 뿐. 늘 바쁘기만 하다가 '아차' 하는 순간들의 연속인 오늘. 이런 '오늘'이 쌓여서 결국 허망한 세월을 이루고 있는 것이 아닌가.

당신에게 오늘이란 어제의 다음 날이 아니다. 내일의 전날이 아니다. 예를 들어 오늘의 그리움은 '오늘 치'이지, 어제의 나머지가 아니다. 내일로 넘겨질 몫이란 아예 없는 것이다. 오늘에 지우지 못함이 원귀이지 않겠는가.

공동묘지로 가는 길목에 아차 고개가 있다고 들었다. 이 세상을 떠나 흙으로 돌아가는 그 순간에 '아차' 해 보았자 이미 때는 사라지고 없는 것이다. 당신은 지금 허망한 아차 고개를 지어 가고 있지 않은가?

당신은 지금 '순간'이라는 탄환을 발사하고 있는 것이다. 당신의 순간이 푸름을 관통하는 탄환인지, 허망을 관통하는 탄환인지는 당신이 알고 있다. 만일 허망으로 가는 시간이라면 차라리 '홀로 있음'을 택하라. 그 길만이 당신 생의 마지막에 '아차 고개'를 높이지 않는 길이다.

당신의 정거장

우리는 정거장에서 차를 기다린다. 기다리던 사람을 맞이하기도 하고 아쉬운 사람을 떠나보내기도 한다. 그러나 이 정거장은 우리들 눈에 보이는 정거장이다. 정작 중요한 것은 사람들 눈에 보이지 않는 정거장을 통해 오기도 하고 떠나기도 한다는 것이다. 우리는 이 보이지 않는 정거장에 나가 맞아들이고 떠나보낼 수 있는 것을 각자가 선택할 수 있다.

희망, 보람, 도전을 맞아들인 사람은 탄력이 있다. 절망, 권태, 포기를 맞아들이는 사람도 있는데 이들한테는 주름으로 나타난다.

한 가지 중요한 것은 이 레일에서 기쁨은 급행이나 슬픔은 완행이라는 사실이다. 그리고 찬스를 실은 열차는 예고 없이 와서 순식간에 떠나가나, 실패를 실은 열차는 늘 정거장에 대기하고 있다는 것이다. 그리고 이 보이지 않는 정거장에서는 자기 마음에 들지 않는다고 해서 그냥 돌아오지 못한다. 누구이건 이것이냐, 저것이냐를 택하여야만 한다.

    행복이냐, 불행이냐, 기쁨이냐, 슬픔이냐, 성공이냐, 실패냐. 그러나 모두들 행복과 기쁨과 성공을 원하기 때문에 사람들이 방심하고 있는 순간에 열차는 왔다가 탄환처럼 사라진다.

    어떠한 순간에도 정신을 놓치지 않는 사람, 꽃잠이 오는 새벽녘에도 깨어 있는 사람, 작은 꽃 한 송이에도 환희를 느끼는 사람. 이런 사람만이 자기가 원하는 것을 맞이할 수 있다.

    이 보이지 않는 정거장은 수평선이나 지평선 너머 멀리 있는 것이 아니다.

    바로 현재의 당신 가슴속에 있다.

행복한 드림

헤르만 헤세의 '메르헨'에 〈아우구스투스〉가 있다.

그의 어머니는 별난 소망을 가지고 있다. 곧 그의 아들이 남들로부터 사랑받기를 바란 것이다. 마침내 아우구스투스는 마법사의 힘을 입어 사랑받는 인간이 된다. 누가 보아도 당장 사랑하지 않고는 견디지 못하는.

그리하여 소년 시절에는 이웃의 사랑을, 청년 시절에는 여인들의 사랑을 독차지하는 아우구스투스. 그가 가는 곳마다에는 향이 넘쳐 흐른다. 꽃의 향기, 향수의 향기가……

그러나 한편으로는 독차지하고자 하는 질투가 얽히고, 밀려나지 않으려는 애욕이 섥켜서 시기의 바람이 잠들 새가 없다.

아우구스투스는 장사를 시작한다. 그러자, 보라. 밀려드는 손님의 물결, 끝도 없는 상담, 끝도 없는 매매……. 이내 아우구스투스는 부자가 된다.

사람들이 더러 아우구스투스에게 묻는다.

"행복하시지요?"

그러나 아우구스투스의 대답은 부정이다.

"행복이라니요? 저는 고통 중에 있어요."

"정말이세요, 그 말이?"

"그럼 제가 행복을 고통으로 바꿔 알고 있는 줄 아세요?"

그렇다. 아우구스투스는 고통의 나날을 보내고 있다. 사랑받는 일에 떠밀려 지내야 하는, 물풀처럼 뿌리내리지 못하는 삶의 고통을 서서히 깨닫고 있다. 사랑을 받기만 할 뿐 사랑을 선택할 수도, 사랑을 줄 수도 없는 불행을 알아본 것이다. 마침내 아우구스투스는 의욕을 가질 수도 없고 성취를 느낄 수도 없는 이 회색 세계로부터의 탈출을 꿈꾼다.

그는 있는 재산을 모두 처분하여 왕의 연회보다도 더 호화로운 연회를 연다. 그러고는 그 자리에서 게걸스럽게 몰려드는 여인들을 피하여 자살을 하려 한다. 이때 홀연히 나타난 마법사. 그는 묻는다.

"왜 목숨을 끊으려 하는가?"

아우구스투스는 대답한다.

"사랑을 받기만 하는 데 지쳤습니다."

마법사가 다시 묻는다.

"그럼 어떻게 해주면 살아가겠나?"

아우구스투스의 대답은 간단하다.

"사랑을 주는 사람으로 해주면 살겠습니다."

마법사가 다짐한다.

"한 가지만을 원할 수 있다. 사랑을 받는 것이 아니라 주는 사람이 되게 해달라는 말이지?"

아우구스투스의 대답은 힘차다.

"네."

그 이후, 아우구스투스는 변한다. 누구든지 사랑하지 않고는 못 견디지만 누구에게도 사랑받지 못하는 인간으로.

사랑받지 못하므로 그의 장사는 기울어지고 사랑하고 나누어 줌으로써 그는 이내 빈털터리가 되고 말지만, 그의 입가에는 미소가 늘 떠나지 않는다.

임종 때에도 그의 곁에는 누구 한 사람 있지 않는다. 하지만 아우구스투스는 행복하게 최후를 맞는다.

이 바람이 지나면

한때 내 둥지가 있었던 수원은 서울 바로 코밑인데도 서울과의 기온 차이가 늘 1도나 2도쯤 높다. 겨울에는 그만큼 더 춥고 여름에는 그만큼 더 덥다.

엄동설한에 수원의 벌판에서 맞바람을 받아 본 사람은 안다. 콧속에 가래톳이 서는 것 같은 뻣뻣함. 그것은 콧속 털이 콧물과 버무려져서 고드름처럼 얼어붙기 때문인 것이다

그러나 나는 이런 급랭의 기습을 당하면 강렬한 생의 의욕 같은 것을 느낀다. '더 추워 봐라. 누가 꺾이나 어디 보자' 하는 오기가 생기는 것이다.

나는 한겨울이면 일기 예보를 볼 때 북한의 중강진이라는 곳의 기온을 눈여겨본다. 그곳의 기온은 우리가 살고 있는 이 땅의 기온과 곱절의 차이를 보인다(서울이 영하 15도인 날 그곳은 영하 28도라고 했다). 그곳의 추위를 생각하면 '이 정도의 추위쯤이야' 하는 용기가 생

겨 어깨를 펴고 당당히 나설 수가 있는 것이다. 수원 사람 송장 하나가 서울 산 사람 셋을 당한다는 옛말도 이런 기온 차이의 단련에서 온 것이 아닐까 생각해 본다.

송광사의 구산(九山) 스님이 생전에 이런 말을 강조했다고 들었다. '기한(饑寒)에 발도심(發道心).' 곧 배고프고 추운 데서 도 닦을 마음이 우러난다는 뜻인데, 오늘날 일부 젊은이들의 무기력증은 배고파 본 적이 없고 추위 본 적이 없는 풍요병 증세라 할 수 있을 것 같다. 스위치를 올리고 내림으로 기온이 조절되는 온실 속의 삶인데 무슨 면역이 생겨날 것인가.

얼마 전에 나는 어떤 여인의 수기를 읽었다. 글 속에 드러나 있는 이 여인의 지나온 행로는 누구보다도 기구한 것이었다.

이 여인은 빈농의 가정에서 태어나 초등학교만을 간신히 마쳤다. 그러고는 이삭을 주우며 남의 집 아기 봐주는 일과 부엌일을 주로 하다가 무작정 상경하였다. 그다음엔 인신매매단에 걸려서 술집행. 그후 어찌어찌하여 백수건달 남자를 만나서 살림을 차렸으나 파경.

이 여인의 일생은 산비탈의 판잣집과 둑방 밑의 천막집으로 옮겨다니며 남자 못지않은 막노동 벌이로 시종한다. 그런데도 이 여인에게는 어느 한때 쨍 하고 볕 드는 날이 없다.

"개미가 모래알을 물어 나르듯이 조금씩 조금씩 저축하여 간신히 일어날 만하면 폭삭 무너뜨리는 일이 터진다. 집에 불이 나지 않나,

아이가 차에 치이지를 않나, 내한테 병이 생기지 않나……."

그러나 이 여인은 이런 시련에 굴복하지 않는다. 바람이 지나면 풀처럼 다시 일어나 어떤 지식인보다도 진솔한 삶의 양식을 들려주고 있다.

"죽기로 생각하면 당장에라도 죽을 수 있지만 하늘에 뜬 별을 볼 수 있는 한 인생은 살 만한 가치가 있다고 믿습니다. 때로는 고난 그 자체가 내한테 살아갈 수 있는 힘을 주기도 하였습니다."

내 가슴에 정작 돌멩이를 하나 쿵 떨어뜨린 것은 불우한 이 여인이 어려운 역경을 간신히 넘을 때마다 '하느님, 감사합니다' 하면서 무릎을 꿇고 하느님께 감사를 드린다는 대목이었다.

나는 작은 시련 하나에도 '왜 이런 어려움을 겪게 하느냐'고 하느님께 대들기나 하는 망종인데.

인생 역에 머물렀다 떠나며

오늘 귀한 선물이 들어왔기에 나누고자 합니다.

미국에 살고 계시는 정순영 씨가 보내 준 것으로, 저와는 한 번 만난 적도 없습니다만 편지가 그렇게 정겨울 수가 없었습니다.

선물은 다름 아닌 신문에 난 것을 복사한 글입니다. 〈한국일보〉 미주판에 실린 것인데, 이분은 이 글을 일기장에 오래 붙여 두고 세상살이에 마음이 해이해질 때면 다시 보고서 각성제로 삼는다는 것이었습니다.

봄을 시샘하는 바람에 뒤뜰에 핀 살구꽃이 모두 질까 봐 걱정이 된다며 보내 주신 분의 마음도 아름답고, 글 또한 가슴을 흔드는 것이어서 여기에 옮겨 보았습니다. 이 가슴 아픈 '마지막 편지'를 쓰신, 지금은 아마도 이 세상에 없을 것 같은 분의 성함이 차형갑 씨라는 것을 밝혀 드립니다.

"밤은 깊어 사방이 고요하다. 진정제를 주사한 탓인지 통증은 그다지 심하지 않고 나는 어쩐지 정신이 맑아, 나를 돌아보며 정신적인 정리라도 대강 해두고 싶은 의욕마저 들었다.

그러나 무슨 정리를 어떻게 한단 말인가. 의사는 정확한 얘기를 안 하였지만 내가 며칠 못 살고 죽게 될 것이라는 것을 나는 잘 알고 있다.

내 나이 이제 45세. 젊다면 젊고 살 만큼 살았다면 살 만큼 산 것도 같은 나이. 그러나 돌아보면 도저히 이대로 떠날 수 없는 처지이다. 아직도 어린 두 아이들이 있고 세상 물정 모르고 착하기만 한 아내를 남겨 두고 어떻게 이대로 죽어 갈 것인가.

열심히 산다고 살아왔지만 돌이켜 생각하면 어느 한 가지 자랑스레 내놓을 것 없는 인생이었다. 어렸을 적 어머니 품 안에서야 그 얼마나 자랑스러운 아들이었던가. 이다음에 자라면 대통령도 될 수가 있었고, 장군도 될 수가 있었고, 부자도 될 수가 있었고, 위대한 인물로도 될 수가 있었지. 이다음 어느 훗날에는······.

그러나 그 훗날은 어느덧 속절없이 사라지고 이제 나는 그 아무것도 아닌 채 이 아무것도 아닌 삶 모두를 고스란히 남겨 두고 며칠 안에, 아니면 오늘 이 밤이 채 새기 전에 세상을 떠나지 않으면 안 된다.

내가 내 몸속에 암이 자라고 있다는 사실을 알아낸 것은 불과 두 달 전의 일이었다. 너무 늦은 발견이라 의사는 수술조차 거부하였다. 현대 의학으로는 그 원인조차 뚜렷이 밝혀내지 못하는 암. 사형 선고

보다 더 무서운, 그래서 인간이라면 누구나 겁을 내는 대단한 물건이 하필이면 내 몸속에 찾아와 생명을 잉태하고 숨어 있었다니. 그러고는 기세 좋게 번식하여 내 몸 구석구석을 자기 세상으로 만들다니. 그런데도 나는 그 사실을 까맣게 모른 채 두 달 전까지 무사태평으로 병원 한번 안 가보고 살아왔다니! 무슨 할 말이 있으랴, 오직 후회와 뉘우침밖에는.

이다음에 하지, 하고 어려운 이웃 한번 돌아보지 못했다. 이다음에 나 가지, 하고 좋아하는 여행 한번 버젓이 떠나 보지 못했다. 연로하신 부모님께서 그토록 기다리시는 줄 알면서도 아이들 데리고 고국에 한번 다녀오지를 못했다.

언제나 기름때에 젖은 청바지 작업복 속에 나를 감추고 나의 욕망을 감추고, 그냥 묵묵히 일하였다. 언젠가 이루어질 작은 꿈을 기다리며 오늘을 버려 왔을 뿐이다. 내일도 태양은 변함없이 떠오르고 이 아름다운 대지는 계절따라 풍요로운 열매를 잉태할 것이다. 아무 말 없는 대지야. 아무 움직임 없는 대지야. 나는 이제 이렇게 죽는다마는 아직도 믿을 수가 없구나.

사랑하는 아이들의 철없이 해맑은 얼굴들. 눈이 아플 때까지 그려 보고 또 그려 보아도 또 그려 보고 싶은 얼굴. 지금은 곤히 잠들어 있겠지. 이제 운명은 그 아이들을 위해 무엇을 마련해 두고 있는지……. 나의 오직 자랑, 나의 단 하나 뚜렷한 보람과 증거, 나의 분신들, 부디 착하게 자라서 행복하게 살아 다오. 절대로 '아비 없이 자란 자식'이란 소리 듣지 말고 무슨 일에나 열심히, 어떤 환경에서라도 굳건하게.

　아내여, 사랑하는 아내여. 오직 측은하고 안쓰러운 나의 사랑이여. 진정 나는 눈이 어두웠네라. 그 많은 날들을 변변한 사랑도 나눠 보지 못한 채 덤덤히 살아온 지금, 항상 마음은 있었지만 남들처럼 행복하게 호강 한번 시켜 주지 못한 나의 미안함을 어떻게 지금 그대에게 전할 수가 있을까. 아, 내가 지금 조금만 더 살 수 있다고 하면 나는 그 모든 시간을 그대 위해, 오직 그대만을 위해 사용할 것이오. 내 이기심, 내 허울 다 버리고 한순간이라도 더 그대를 즐겁게 그리고 만족하게 해주기 위해 노력할 것이오.

　진정 이대로 이 몸을 주님께 드리기엔 송구하고 송구스러우나 이제야 통절히 느끼오니 진정 나는 어리석고 어리석은 한 마리 양이로소이다. 부족한 이 몸, 아무것도 태우지 못한 이 영혼 부디 거두어 주시옵소서. 주님의 뜻대로 하시옵소서."

좋은 예감

　어느 한 집에 자매가 있었지요. 같은 엄마와 아빠한테 태어났기 때문에 생김도 비슷하고, 학교 성적도 비슷하였지만 성향만은 정반대였지요. 그러니까 언니는 햇빛을 좋아하고, 웃기를 잘하고 남이 잘하는 일에 환호를 보내는 데 반해 동생은 그늘 속에 앉아 있기를 좋아하고 얼굴을 자주 찌푸렸으며 괜한 일에 트집을 잡곤 했었지요.
　이 집 자매의 성향은 전화를 걸 때 보면 보다 분명하였지요. 큰언니는 누구한테 좋은 일 있었다는 소식, 누가 좋은 일 하였다는 소식이 있었을 때 전화를 걸어 이곳저곳에 알리기 바빴지요.
　그러나 동생은 누구한테 나쁜 일 일어났다는 소식이며 사고 났다는 소식을 전하기 위해 전화를 거는 것이었지요.
　그런데 나중에 보니 자매의 인생 길도 그렇게 정반대로 갈리더란 것입니다. 언니는 어디서고 반가이 맞아 주는 샘물 같은 사람이 되었는 데 반해, 동생은 구정물을 멀리하려 하듯이 그렇게 사람들이 싫어하는 사람이 되더란 것입니다.

혹시 지금 당신이 전하려고 하는 소식은 무엇인지요? 기쁜 소식인지 안 좋은 소식인지 전화를 걸기 전에 확인해 보세요. 만일 안 좋은 소식이라면, 그리고 남을 상처 내고 흉보는 얘기라면 당장 수화기를 내려놓아야 합니다. 그 버릇은 결국 자기를 망하게 하는 것이니까요.

한 기숙사의 사감이 학생들을 모아 놓고 물어보았답니다.

"어떤 방에 들어갔더니 거미줄이 있었어요. 여러분은 어떻게 생각합니까?"

학생들은 너도나도 나서서 그 방의 임자를 저주하더랍니다.

"며칠 비워 둔 것이 분명합니다."

"거주자가 지저분하고 게으른 사람입니다."

"주의력이 형편없는 사람입니다."

"거미 한 마리도 못 죽이는 소심한 사람이 분명합니다."

오직 창가에 앉은 학생만이 이렇게 말하더랍니다.

"그 방에는 신기하게도 거미가 살고 있었군요."

현대인들의 종살이

박쥐 아버지가 박쥐 아들을 데리고 인간 마을로 수학여행을 왔다.

그들은 언덕 위의 기와집 거실이 훤히 내려다보이는 고목나무에 거꾸로 매달려서 쉬었다. 아들 박쥐가 입을 열었다.

"아버지, 인간들의 종살이 변천사에 대해 들려주세요."

아버지 박쥐가 입을 열었다.

"처음에는 힘센 사람들에 의해 강제로 잡혀가면서 종이 생겨났다. 그리고 전쟁 중에는 적국의 포로가 되어 종이 되기도 하였고."

아버지 박쥐는 잠시 쉬었다가 말을 이었다.

"부모를 종으로 타고나서 꼼짝하지 못하고 종이 되기도 하였다. 더러는 돈이 없는 부모가 자식을 종으로 팔아먹기도 하였지."

아들 박쥐가 하나 더 물었다

"그러나 지금은 그런 종살이 하는 사람은 없지요?"

아버지 박쥐가 찌찌찌 웃고 나서 말했다.

"아니다. 종살이를 다시 시작하고 있는 인간들이 많다."

아들 박쥐가 눈을 동그랗게 떴다.

"아니, 아버지. 인간들은 이제 많이 깨우쳤잖아요."

"깨우쳤지. 그러나 지금은 집집마다 이상한 기계를 상전으로 모시고 있어."

"어떻게요?"

"거기에서 웃기는 쇼를 한다 하면 일제히 그 앞으로 모여. 그때에 아버지가 심부름을 시키면 들은 척도 안 하지. 연속극을 해봐라. 그럴 땐 손님이 와도 속으로 욕을 한다. 대단한 상전을 모신 셈이지."

이때 사고가 있었는지 기와집에 전깃불이 깜박 꺼졌다.

한바탕 발소리가 들리더니 촛불이 하나 밝혀졌다. 그러자 그 집 사람들의 말소리가 들렸다.

"얘야, 너 거기 있었니?"

"네, 엄마. 엄마는 어디 계셨어요?"

"나도 여기 있었단다."

"무엇 하고 있었니?"

"컴퓨터 게임을 하고 있었어요. 어머니는요?"

"나는 TV 연속극을 보고 있었단다."

홀리는 것들

저는 누구이겠습니까.

다음 설명을 들으시면서 저를 알아맞혀 보시기 바랍니다.

현대는 저의 만능 시대라고 합니다. 지겨움을 느낄 때도 많습니다만 알게 모르게 중독이 되어 제가 없을 때는 도리어 허전함을 느낄 정도가 되었습니다.

그러나 처음 태어나게 된 배경은 지극히 순수합니다. 여기에 있는 무엇, 그리고 저기에 있는 무엇을 알리고 알고자 함에서 비롯되었으니까요.

그런데 나한테서 폭발적인 힘이 나타나기 시작하였습니다. 별것이 아닌데도 어떻게 알리느냐에 따라서 별것이 되는 것이었습니다.

나를 어떻게 하느냐에 따라서 기업이 죽기도 하고 살아나기도 한답니다.

그러니 경쟁이 불붙을 수밖에요. 유능한 사람들이 모여서 저를 화장시키기에 여념이 없습니다. 어떤 사람들은 담배씨만 한 본질에다 호박만 한 허구를 접목시키기도 합니다.

그것뿐만이 아닙니다. 사람들의 시선을 붙들고 끌어들이고자 유혹의 술수까지 넣고 있습니다.

얼마 전부터는 귀에 걸면 귀걸이가 되고 코에 걸면 코걸이가 되는 식으로 성적인 문안까지도 개발해 내고 있습니다.

앞으로 어떤 놀라운 술수가 생겨날지 여러분은 상상하기가 어려울 것입니다. 왜냐하면 나한테 종사하는 사람들의 수준이 날로 높아져 가고 있기 때문입니다.

전혀 필요치 않는데도 나한테 속아서 물건을 들여놓는 사람들이 많습니다.

그러니까 저는 인간의 끝없는 욕망, 그 욕망을 부추기는 것이 저의 목표가 되고 말았습니다.

그러나 한 가지, 저를 원망하는 분들께 하고 싶은 말이 있습니다. 그것은 저한테 속았다, 안 속았다는 당신의 성숙도 차이이지 내 탓이 절대 아니라는 것입니다.

당신의 주인은 당신이며 선택은 당신이 하기 때문입니다. 저는 어디까지나 당신의 바깥에 존재할 뿐입니다.

지금까지 저라고 말씀드린 저는 '광고'입니다.

지금

동물들이 모였다.

그들은 '인간 규탄 대회'를 열었는데 개가 먼저 인사말을 했다.

"인간들은 욕을 할 때 우리 개를 얹습니다. 개 뭣이라는 등 별별 군데에 우리를 인용합니다. 그러나 가만히 보면 우리 개만도 못한 인간이 얼마나 많습니까. 그러니 우리 짐승 사회에서도 욕을 할 때 인간을 붙여서 씁시다. 못된 짐승한테는 곧 '사람 자식'이라고 합시다. 친애하는 동물 여러분, 어떻습니까?"

동물들은 우뢰 같은 박수를 보냈다. 더러는 구호도 외쳤는데, 소쩍새는 소쩍소쩍 하였고 참새는 쨱쨱쨱거렸다.

다음에는 인간 도적 사례 발표가 있었다.

벌이 앵앵거리며 말했다.

"인간들은 우리가 저축한 꿀을 훔쳐가고 있습니다."

닭도 꼬꼬댁거리며 말했다.

"인간들은 우리 닭이 낳는 계란을 빼앗아 가고 있습니다."
젖소 또한 가만있지 않았다.
"인간들은 우리의 젖을 짜가고 있습니다."
평소에는 점잖다고 소문난 사슴 또한 일어났다.
"그것뿐입니까? 인간들은 세상에, 우리 뿔조차 잘라 간다니까요."
말 없기로 유명한 양도 이번만은 참을 수 없다는 듯 엉금엉금 걸어 나왔다.
"그것뿐인 줄 아세요? 우리 털도 깎아 갑니다."
이때까지 한쪽에서 듣고만 있던 학이 날개를 활짝 펴며 말했다.
"인간들이 우리 짐승들한테서 별것을 다 빼앗아 가고 있는 것은 사실입니다. 그러나 이미 빼앗기는 데 길들여져 있기는 우리도 마찬가지입니다. 그들이 빼앗아 가지 못한 것을 내보이며 즐겁게 사랑하며 살아야 한다고 생각합니다."
짐승들은 웅성거렸다. 인간들이 가져가지 않은 게 뭐가 있는가. 살조차도 가지가지로 나누어서 등심이니 안심이니 족발이니, 심지어 뼈까지 곰탕거리로, 어디 그뿐인가. 내장도 순대니 뭐니 하면서 챙기지 않는가.
소가 나서서 물었다.
"영악한 인간들이 우리한테서 가져가지 못한 것이 도대체 무엇이 있소? 말해 보시오."

좋은 예감 | 115

학이 우아하게 날개를 펴서 날아오르며 말했다.

"지금의 삶이 있지 않은가요? 우리한테는 지금 저 푸른 초원이 있고 하늘이 있어요. 싱그러운 바람도 있고요. 언젠가는 못 즐길 날이 오겠지요. 그러나 그것은 인간들도 마찬가지예요. 짧고 길고만 다르지 언젠가는 죽는다고요. 삶은 즐거운 축제예요. 이를 제쳐두고 지금처럼 원망해서 무엇을 얻게 됩니까?"

얼마 후 동물 농장은 다시 활기에 찼다. 개는 즐겁게 멍멍 짖고, 벌은 신나서 앵앵거리고, 닭은 알을 낳고 꼬꼬댁꼬꼬댁 홰를 치며 널리 알렸다.

사슴 역시도 그 하늘에 떠가는 흰 구름으로 눈을 씻어 맑혔으며, 양은 평화를 음미하며 풀을 뜯었다.

물론 돼지는 꿀꿀거리며 먹이를 맛있게 먹었고, 소는 음매애 음매애 노래하며 학춤을 구경했다.

오염되고 있는 내일

인류의 희망은 누구인가? 두말할 것도 없이 어린이다. 그런데 이 어린이가 오늘에 와서 급격히 없어져 가고 있다.

어린이가 없어져 가고 있는 원인을 둘로 축약하자면 물론 출산의 저하를 먼저 꼽을 수 있다. 여기에는 어른들의 이해관계에 의한 인공중절과 수태 검사에 의한 태내 여아의 사살이 해당한다.

그리고 다음으로는 어린이가 어린이로 존재하지 않는 현실이다. 곧 연령으로는 어린이임에 틀림없으나 정신에 있어서는 어린이이기를 거부하는, 설익은 성인인 것이다.

미국의 뉴욕 대학 매체생태학 교수인 닐 포스트먼은 그의 저서 《사라지는 어린이》에서 미국의 예를 들어 이렇게 설명하고 있다.

"여성의 사춘기는 지난 130여 년 동안 10년에 4개월씩 그 시작이 빨라졌다. 예를 들면 1900년에는 첫 월경이 시작되는 평균 연령이 14세였으나, 1979년에는 평균 연령이 12세라는 주장이 있었다. 만일이 통계가 사실이라면 어린 시절이 단축된 것은 전신 발명 직후의 생리적 조건 속에서 나타나기 시작했다는 주장과 같은 것으로 사춘기 연령이 어려진 것과 통신 혁명은 우연하게도 거의 완벽하게 일치하는 것이다."

 이것은 미국의 현상만이 아니다. 현재 우리 한국에 있어서의 어린이 생리 현상을 가늠해 보자. 현재 30대 혹은 40대 그 이상의 여성들은 초등학교 상급 학년에서 이미 생리가 시작되는 현상에 퍽이나 놀라리라 생각한다. 적어도 2년 또는 3년은 빨라졌기 때문이다. 그만큼 전에는 중·고등학교 시절을 사춘기라고 하였지만 지금은 초등학교 상급 학년과 중학교 시절을 사춘기라고 하고 있지 않은가.
 여기에는 통신 기기의 발달 외에도 생활수준 향상에 의한 원활한 영양 상태를 말할 수 있다. 그러나 분명한 것은 영상 매체에 의한 개방이 추진되고 있다는 것이다.
 내가 최근 겪은 한 일화를 말하자면, 집안 친척이 되는 다섯 살배기 유치원 원아가 청승맞게 '사랑' 어쩌고 하는 대중가요를 열창하기에 "사랑이 무엇인 줄 아느냐?"고 했더니, 거침없이 내 입술에 입을 맞추더니 "이것"이라고 대답하는 것을 보았다. 사랑에 대한 설명이 있지 않고 이 한 가지 간단한 행위로써 보여 주고 있는 배움은 영상 속의 그 수많은 포옹과 키스 신인 것이다.

이화여대의 김재은(교육 심리학) 교수도 지난 5월 방송 위원회가 주최한 세미나에서 '지금의 40대 이상은 돌 무렵 두 발로 일어설 때 밥상을 짚고 일어섰고, 그 아래 연령층들은 TV 세트를 짚고 일어섰으나, 지금의 아기들은 PC를 짚고 일어선다'고 하였다. 이처럼 현대는 아기 때부터 영상 매체와 컴퓨터에 길들고 있다고 해도 지나친 속단은 아니게 되었다.

그런데 영상 매체의 제작 실태와 수입 양상은 어떤가 하면 갈수록 포르노성이 짙은 저질이 판을 휩쓸고 있는 실정인 것이다. 이에 대한 저쪽의 대답은 간단하다. 그런 것이 아니면 장사가 되지 않는다는 것이다.

사람 미워할 줄 모르는, 풀잎 하나도 이유 없이는 뜯지 않아야 한다고 말하는 피천득 선생님도 '자기가 더 잘살기 위하여 남의 삶을 파괴하는 죄만은 용서할 수 없다'고 하였다.

자신들의 부의 축적을 위하여 인류의 희망이고 우리의 미래인 어린이를 음지 속으로 유혹해 들여 독버섯화하고, 청소년의 성장에 마치 등 굽은 고기와 같은 불구를 조장케 하는 것은 단죄를 받아야 할 공적이 아닐 수 없다.

1995년 뉴스 중 나를 슬프게 하고 겁나게 한 것은 서울과 순천의 두 중학생이 각각 자신들의 어머니를 살해한 사건이다. 서울의 중학생은 그만 놀고 공부하라고 꾸중하는 어머니를 야구방망이로 7~8회

썩이나 내리쳐 죽였고, 순천의 중학생은 학교에 구두 신고 가지 말라고 말린다 하여 부엌에서 식칼을 들고 나와 어머니를 살해하지 않았던가.

이런 흉악한 살인이 열다섯 살 아이에게서 저질러진 것에 대해 영상 매체 종사자들은 자성하여야 한다. 얼마나 많은 폭력이 영화와 비디오 그리고 가상현실 게임에 실려 나가고 있는가.

여기에 최근에는 인터넷이라고 하는 컴퓨터 정보 통신망까지 가세되었다. 다음은 지난 1995년 7월 12일 자 《뉴스위크》지에서 인용한 것이다.

"몇 달 전 우리 가족은 컴퓨터 통신 온라인 서비스에 가입했다. 처음엔 무척 재미있었다. 남편은 컴퓨터 통신을 이용해 투자 관리를 하고 가족들의 휴가 계획도 세울 수 있었다. 나는 잡지 기사를 읽거나 각종 자료를 찾아보며 특정 주제를 연구했다. 그러나 열두 살짜리 우리 딸은 대화방을 무척 좋아했다. 그러나 딸에게 컴퓨터 통신을 자유롭게 허용한 것은 사실상 그 아이의 호주머니 속에 현금을 가득 넣어주고 사탕 가게에 보내면서 아무것도 사지 말라고 건성으로 말하는 것과 다를 바 없었다. 나의 귀엽고 순진한 딸, 공부도 잘하고 피아노도 연주하며 선생님의 총애를 받는 내 딸애가 '화끈한 아가씨와 대화하고 싶은 사람 없어요?'라든가 '뜨겁게 달아오른 여성이 섹시한 남성과 대화하고 싶어요'라는 메시지를 대화방 친구들과 주고받고 있

었던 것이다. 〔……〕
— G. A. 세비(캘리포니아 주 샌타바버라 거주 작가)

  이 인용으로 내가 이 글의 끝을 맺는 것은 어린이가 현대 기기 앞에서 어떻게 사라져 가고 있는가 하는 것을 함께 확인하고자 함이다.
  어른들이 최소한의 감시조차도 포기할 때, 인류의 희망(어린이)이며 우리들의 미래는 계속 오염되리라 믿는다. 이는 환경 공해보다도 더 무서운 원천 파괴이다.

가을날의 삽화

하늘 핑계

날로 하늘이 푸르러지고 있습니다. 정말 하늘이 눈부시게 푸르른 날은 광장의 분수에서 발가벗고 샤워를 하고 싶습니다. 맨발로 흙 위를 걸어다니고 싶습니다. 블럭 담조차도 정답게 느껴져서 쓰다듬고 싶습니다.

'백기를 꽂고 무릎을 꿇기에는 하늘이 너무 푸르다'고 말한 분도 있습니다만 하늘이 정말 푸르른 날은 논두렁 물도 마음 놓고 마실 것 같습니다.

술에 취한 것처럼 하늘의 저 푸름에도 취할 것 같지 않습니까?

괜히 핑그레 눈물이 돌기도 하고 하늘을 향해 저고리의 단추를 풀어뜨리고 눕고도 싶은 계절.

하늘 저기에 유리구슬 하나를 떨어뜨려 놓는다면 언제까지고 언제까지고 구슬 굴러가는 소리가 끝없이 날 것 같은 우리네 가을 하늘입니다.

하얀 나비조차도 코스모스 꽃잎 위에 발을 놓기가 차마 망설여지는 것은 하늘이 너무도 푸른 때문이라고 생각합니다.

익은 모습

소설 《대지》로 노벨 문학상을 받은 펄벅 여사가 우리나라에 와서 거문고 연주를 듣고 이런 말을 하였다고 합니다.

"거문고는 나는 소리보다는 나지 않는 소리를 듣게 하는 악기이다."

우리의 귀는 소리를 알아듣는 용처(?)입니다만 침묵을, 고요를 알아들을 수 있을 때 완성되는 것이지 않을까요?

한 폭의 동양화는 여백을 어떻게 처리하느냐에 따라서 살아나기도 하고 죽기도 합니다. 진짜는 침묵 속에 공간 속에 드러나는 것이라고 들었습니다.

무대 위에 선 사람들을 보면, 마이크 앞에 정작 나서서 말할 때보다도 묵묵히 차례를 기다리고 있을 때 오히려 그 사람의 중요한 점이 드러나기도 하는 것입니다. 우리는 말할 때보다는 침묵 속에서, 자기 차례가 왔을 때보다도 남의 말을 듣는 태도에서 그 사람의 실체를 알아볼 수 있다고 생각합니다.

언제나 잎이 지고 없는 겨울나무에서 여름날의 잎을 떠올려 볼 수 있을는지요?

모래성

바닷가에서 모래성을 쌓아 보신 적이 있으시지요? 두꺼비 집을 지으신 적도 있을 테고요.

모래밭에 금을 긋고 성을 높이고, 그 성이 마음에 들지 않으면 무너뜨리고 다시 쌓고 그러다가 또 멀리멀리 기찻길을 내고…….

그러나 마냥 그렇게 놀 수만은 없는 일이지요. 저만큼서 밀물이 밀려들고 있으니까요.

돌아서 바라보는 우리가 쌓던 모래성. 밀물 속으로 숨어 버리던 우리들의 모래성.

다음 날 다시 그 바닷가에 나가 보면 모래성도, 기찻길도, 낙서도 흔적 하나 없지요. 대신 파도에 밀려온 수초며 조개껍데기들이 흩어져 있는 그 모래사장에 지금쯤은 동백꽃 한 송이가 올라와 있을지도 모를 일입니다만, 오늘 우리가 애통해하며 쌓고 있는 것이 내일에 가서는 모래성이 되지 않을는지 모르지요.

솎아 내기

텃밭에서 솎아 내기를 하는 이모를 보면서 생각해 보았습니다. 아는 사람 솎음을요.

사실 우리는 너무도 많은 '아는 사람'을 가지고 있습니다. 이 사람도 알고 저 사람도 압니다. 길을 가다가 확실히 아는 것이 아닌데 악수를 나누고 인사말을 합니다. 그러나 돌아서고 나면 누구이더라 하고 고개를 갸우뚱하고서 생각해 보나 얼른 떠오르지 않을 때도 있습니다. 그러나 막상 어려운 일이 생겨서 수첩을 꺼내 들면 확실히 아는 사람 한 사람이 없는 처지를 실감하게 됩니다. 어려움이 있을 땐 방관자들이지요.

밭작물을 보면 적당히 솎아 주어야 제대로 성장합니다. 함께 많이 있다가는 어느 것 하나도 크게 자라지 못합니다. 우리가 알고 지내는 사람 관계도 그렇지 않을까요?

오늘부터는 친구 하나를 위해 '아는 사람'을 좀 솎아 내는 것이 어떨까요?

만나서 하염없이 떠들어도 돌아서면 아무것도 남는 것이 없는 그 아는 사람, 자기 자랑 많고 남의 험담 잘하는 그 아는 사람을 솎아 내는 거예요.

그럼 어떤 사람을 남겨 두냐고요? 그야 나 자신을 돌아보게 하는 사람, 함께 침묵하고 있어도 서로를 편히 알아들을 수 있는 그 친구이지요.

골목

요즈음은 아파트 단지가 많아져서 골목길에 대한 추억이 줄어들고 있습니다만 누구한테나 골목길에서의 아슴한 기억이 한두 가지씩은 있을 것입니다.

발소리마다에 귀를 기울이던 기다림이, 차마 발길이 떨어지지 않아서 돌아보고 돌아보고 하던 이별의 골목길.

비가 오면 웅덩이에 빠질세라 마음이 쓰였고, 개가 짖는 집 앞을 지날 때는 종종걸음을 걷곤 했던 골목길.

가로등조차 꺼져 버린 밤길을 걸을 때는 뒤쫓는 듯한 발소리가 있어 식은땀이 흐르던 그 골목길도 추억 속에서는 아련히 그리워지기도 합니다.

겨울날에는 햇볕이 짧은 대신 봄날에는 참새들이 많이 찾아들고 여름날에는 시원한 바람이 흘러들곤 하던, 그 골목에 저녁이면 달이 찾아오곤 했었지요.

때로는 술주정 노랫가락도 싫지 않게 들리던 골목길······.

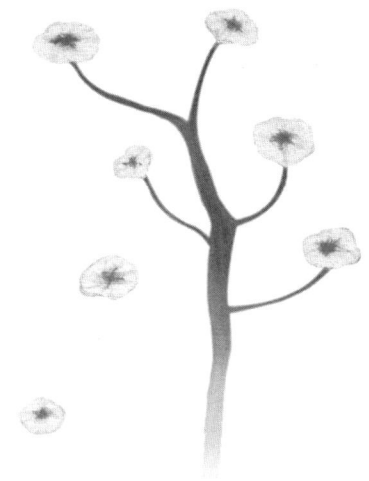

4

동화 인생론

나는 나의 길을 간다

어느 집 대들보에 나무 벌레 다섯 마리가 살고 있었습니다.

벌레들은 하루 종일 대들보만 갉아먹었습니다. 그 외에는 잠만 자기 때문에 벌레들이 하는 일이라곤 갉아먹는 일뿐이었습니다.

이 벌레들의 어미도, 그 윗대 선조들도 대들보를 갉아먹고 살았습니다. 그 위의 선조도 마찬가지였습니다. 이 나무 벌레들은 선조대대로 대들보를 갉아먹는 일 외에는 아무 일도 하지 않았으며, 또 그것으로 충분히 살아갈 수 있었습니다.

그러니 이 벌레들의 삶에 어떤 특별한 일이 생길 리 없으리라는 것쯤은 누구든지 쉽게 짐작할 수 있습니다. 매일 똑같은 맛의 대들보를 갉아먹는 일뿐이었으니까요. 어쩌다가 말라붙은 송진이라도 만나면 잠시 식단이 바뀌기도 했지만, 이런 경우는 아주 드물었습니다.

어느 날 다섯 마리 벌레들이 휴식 시간에 함께 모여, 대들보 밖의 세상은 도대체 어떻게 생겼을까 하고 이야기를 나누게 되었습니다.

"애들아, 나는 이 대들보에서 빠져나가는 길을 알고 있어."

다섯 마리 중 제일 나이 많은 첫째 벌레가 말했습니다.

"우연히 길에서 개미를 만났었는데 그가 아주 자세히 가르쳐 주었거든."

"그럴 리가 없어."

셋째 벌레가 말했습니다.

"내 생각으론 여기와 다른 세상은 어디에도 없어. 그런 얘기는 모두 환상에 불과해. 이 세상은 오직 나무로 이루어졌단 말이야. 이곳이 자네들 마음에 들든 안 들든 간에 바로 여기가 우리가 살고 있는 현실이라구."

이번에는 둘째 벌레가 말했습니다.

"나무 말고 다른 것이 있거나 말거나 나는 상관하지 않겠어. 다만 한 가지 일러 주고 싶은 말은 쓸데없는 일에 너무 신경 쓰지 말라는 거야. 위험할 수가 있거든. 나무 외에 다른 무엇이 있는지 누가 알아? 아무도 그걸 모르잖니?"

네 번째 벌레도 한마디 거들었습니다.

"난 그런 문제에 대해 전혀 흥미가 없어. 이렇게 매일 실컷 먹는 걸로 만족해. 안 그러니?"

그러나 다섯째 벌레만은 달랐습니다.

"개미한테 들은 그 길을 알려 줘. 나는 그 길을 찾아서 떠날 테야."

그러자 다른 벌레들도 모두 다섯째 벌레를 비웃으며 웅성거렸습니다.

"미쳤군!"

제일 나이 많은 벌레도 코웃음 치며 말했습니다.

"흥. 그렇게 궁금하시다면 다른 세상으로 가보시지. 나가는 길은 아주 간단하다구. 계속 남쪽으로만 갉아먹고 들어가면 돼. 그게 개미가 나에게 가르쳐 준 길이거든. 아무도 널 붙잡진 않을 테니."

다른 벌레들이 또 웃었습니다.

다섯 번째 벌레가 말했습니다.

"이렇게 그냥 웃어넘길 일이 아냐. 너희들이 여기에서 썩든지 말든지 상관하지는 않겠지만, 난 내 목숨을 걸고 한번 해보겠어!"

그러고는 즉시 남쪽을 향해 쉬지 않고 갉아먹어 들어갔습니다. 그는 온 힘을 다 쏟았습니다. 새로운 멋신 세계에 대한 꿈이 머리에 가득 차 있었습니다.

자기가 가는 길 끝에는 나무 벌레의 천국이 있을 것이라고 확신했습니다.

그러나 그는 나이든 나무 벌레가 너무 화가 나서 방향을 잘못 가르쳐 주었다는 사실을 몰랐습니다. 사실 그 개미가 가르쳐 준 방향은 남쪽이 아니라 서쪽이었습니다. 벌레는 아무것도 모르는 채 엉뚱한 방향으로 계속 파 들어갔습니다. 그리고 다시는 그 대들보에서 나오지 못했습니다.

 6년 동안 쉬지 않고 일해 온 벌레는 마침내 너무 쇠약해져서 죽을 때가 되었습니다. 그 벌레는 '이제 나는 이 일을 끝내지 못하고 죽게 되었구나' 하고 생각했습니다. 그러나 '나는 힘껏 노력했어'라고 말하며 영원히 눈을 감는 그의 모습은 매우 만족스러워 보였습니다.

 ― 에르빈 모세, 《나무 벌레 다섯 마리》

 오늘도 우리 주위에는 인간에 대해서, 우주에 대해서 신에 대해서 밑도 끝도 없는 논쟁을 벌이고 있는 이들이 있다. 특히 종교 분쟁은 오는 21세기의 어두운 그림자로 이미 곳곳을 덮어 오고 있다.

 이 작품에서는 우리 가운데의 전형적인 바람형, 이론형, 거품형, 식충형, 시도형이 있다. 이 다섯 마리의 벌레 가운데 나는 어디에 속하는가. 한번 생각해 볼 의향은 없는지?

 그나마 이 중에 시도형이 있다는 것이 인류 역사가 끊어지지 않고 이어져 오는 맥이 되고 있는 것이다. 아무튼 분명한 사실은 이들 나무 벌레 다섯 마리 가운데 콜럼버스가 있었다는 것이다.

 "이렇게 그냥 웃어넘길 일이 아냐. 너희들이 여기에서 썩든지 말든지 상관하지는 않겠지만 난 내 목숨을 걸고 한번 해보겠어."

 이 녀석은 나이 많이 먹은 벌레(바람잡이)가 들려준 대로 남쪽을 향해 쉬지 않고 갉아먹어 들어가지만, 그가 기대한 나무의 바깥세상을 만나 보지 못한 채 임종을 맞이하게 되고 만다.

나도 한 사람의 작가이지만 솔직히 에르빈 모세라는 이 지은이의 작의(作意)에 무릎을 쳤다. 물론 어떤 분들은 기특한 다섯 번째의 기대대로 극락(바깥세상)에 이르게 하는 결말이 더 낫지 않느냐고 하겠지만 이 세상을 좀 살아 본 분들은 알리라 믿는다.

이 세상살이가 어디 마음먹은 대로 이루어지던가? 여의주를 얻어 승천한 용은 불과 몇에 불과하고 대부분은 끝내 여의주를 얻지 못하고 이무기로 끝나는 생이지 않은가?

하지만 나는 이론가나 식충이들보다는 이렇듯 나서서 자기의 의도대로 일생을 산 이가 위대하다고 생각한다. 비록 서쪽이 아닌 남쪽을 파고들어 가서 원래의 자리보다 나무 속으로 더 깊이 들어가고 말았지만 얼마나 용기 있게 살아온 삶인가.

'나는 힘껏 노력했어'라는 이 한마디, 얼마나 값진 말인가 말이다.

그리고 또 한마디만 더, '후회하지 않는 것'이다.

생명이 붙은 옷자락

케르스틴은 여덟 살인데 벌써 이모가 되었습니다. 왜냐하면 어른이 된 언니가 아기를 낳았기 때문입니다. 그때부터 케르스틴은 언니 집에 놀러 가는 걸 더욱 좋아하게 되었습니다. 케르스틴과 언니는 둘 다 베를린이라는 큰 도시에 살고 있었습니다.

어느 여름날 케르스틴은 또다시 언니 집에 놀러 가고 싶어졌습니다. 언니 집에 가려면 헤르만 사거리에서 지하철을 타고 베스트팔 거리까지 가야 합니다. 그날 케르스틴은 풀빛 바지를 입고 있었습니다.

케르스틴이 헤르만 사거리 역에서 지하철에 올라탄 뒤, 자리에 앉으려고 하는데 아주머니 둘이 뒤에서 소리를 질렀습니다.

"앉으면 안 돼!"

"그냥 서 있어!"

한 아주머니가 그 까닭을 설명해 주었습니다.

"네 바지 위 바로 엉덩이 부분에 벌이 앉아 있단다."

정말로 벌이 앉아 있는 게 보였습니다. 벌은 움직이지도 않고 가만히 있었습니다. 한 아주머니가 신문지를 들고서 벌을 털어 내려고 했습니다.

"가만히 있어, 내가 이걸로 벌을 바닥으로 털어 버릴 테니."

"안 돼요."

"그런다고 벌이 쏘지는 않을 거야."

아주머니가 말했습니다.

그러나 케르스틴의 생각은 좀 달랐습니다.

"여기는 바닥이 흙이 아니잖아요. 밑에도 위에도 주위가 모두 지하철인걸요. 털어 버리면 벌이 어디로 가요? 벌이 살려면 꽃이랑 나무랑 하늘이랑 공기가 있어야 하는데요."

"아이고, 걱정도 많구나. 그럼 너는 어떻게 할 생각이니?"

"지금 앉아 있는 자리에 그대로 두지요."

케르스틴이 대답했습니다. 지금 가고 있는 베스트팔 거리의 근처에 공원이 하나 있었습니다. 케르스틴은 벌을 거기까지 데려다 주고 싶었습니다.

"뎅뎅뎅뎅" 하고 지하철이 정지 신호를 했습니다.

그나이제나우 거리 역에서는 사람들이 더 많이 탔습니다. 어떤 할아버지가 케르스틴에게 비어 있는 옆 자리를 가리키며 앉으라고 하자, 케르스틴은 괜찮다고 했습니다. 그러고는 몸을 돌려 바지 위에

좋은 예감 | 135

앉은 벌을 보여 드렸습니다. 그러자 할아버지는 고개를 끄덕이며, "호오, 그렇구나" 하고 말했습니다.

"뎅뎅뎅뎅."

지하철은 이제 메링부두 역에 섰습니다. 케르스틴은 여기서 갈아타야 했습니다. 케르스틴은 두 아주머니와 할아버지께 인사를 했습니다.

"안녕히 가세요."

그러자 그들은 입을 모아 말했습니다.

"그럼 성공하기 바란다."

"벌에 쏘이지 않도록 조심해라!"

케르스틴은 엉덩이에 앉은 벌이 날아갈까 봐 조심조심 계단을 올라가 갈아탈 지하철 승강장으로 갔습니다. 어찌나 느리게 걸었던지 코앞에서 지하철 한 대를 놓치고 말았습니다. 그러면 10분은 더 기다려야 합니다. 케르스틴은 속으로 생각했습니다.

'제발 벌이 바지 위에 그냥 있어 주었으면……. 이 냄새나는 지하철 역 안에서 날아가 버리지 않으면 좋겠는데!'

사람들이 점점 많아지더니 마침내 열차가 도착했습니다.

하필이면 케르스틴 바로 앞에 선 그 칸은 사람들로 가득 찼습니다. 사람들은 서로 좁혀 서야 했습니다. 지하철은 오래 멈추지 않기 때문에 케르스틴은 할 수 없이 이 칸에 올라타는 수밖에 없었습니다.

"뎅뎅뎅뎅."

지하철은 달리기 시작했습니다.

케르스틴은 출입문 앞에 서 있었습니다.

"뎅뎅뎅뎅."

지하철이 다시 섰습니다. 하느님 맙소사! 사람들이 더 많이 올라탔습니다. 케르스틴은 벌과 함께 휩쓸려 들어가지 않기 위해 문 앞에 서 있었습니다. 여자 하나가 투덜거렸습니다.

"안으로 좀 들어가렴, 입구에 서서 가로막지 말고!"

그 여자가 케르스틴을 안으로 밀어 넣었습니다. 케르스틴은 벌이 짓눌리지 않게 하려고 몸을 이리저리 틀면서 사람들 틈에서 꼼지락거렸습니다.

"뎅뎅뎅뎅"

그다음 역인 템펠호프였습니다.

이번엔 한 여자가 아이를 데리고 탔습니다. 아직 조그만 아이를 앞세우고 여자가 지하철 안으로 올라왔습니다. 아이는 케르스틴의 뒤에 서 있었습니다. 케르스틴은 이상한 예감이 들어 잽싸게 아이 쪽으로 몸을 돌렸습니다. 아니나 다를까, 아이는 벌을 만지려고 손가락을 뻗었습니다. 케르스틴은 그 손을 번개같이 막았습니다.

"만지면 안 돼! 벌이 쏠지도 몰라."

케르스틴이 말했습니다.

아이는 영문을 모르고 울기 시작했습니다.

"쩌거, 엄마, 쩌거 줘!"

"너, 노래도 할 줄 아는구나."

누군가가 말했습니다

그러자 사람들이 웃음을 터뜨리고 말았습니다. 아이의 엄마가 물었습니다.

"왜 그러니, 아가?"

케르스틴이 잡은 손을 놓아주고 벌을 보여 주었습니다. 그러자 사람들이 모두 쳐다보았습니다.

"저것 좀 봐."

"아니, 저런……."

갈수록 사람들은 더 북적거렸습니다. 서로 자리를 좀 더 좁혀야 했으므로 아이 엄마는 이제 아이를 안고 있었습니다.

"뎅뎅뎅뎅."

"베스트팔 거리 역입니다!"

케르스틴이 목적지에 온 것입니다. 이제는 내려야 합니다.

사람들이 모두 케르스틴의 엉덩이를 바라보았습니다.

지하철 역의 계단을 조심조심 걸어 올라가며 케르스틴은 자꾸만 벌을 돌아다보았습니다.

"2분만 더 가면 돼."

케르스틴이 벌에게 말했습니다.

"아니면 3분…… 그러면 우리는 공원에 도착할 거야. 너한텐 좋은 곳이야. 제발 조금만 더 참으렴."

공원에는 푸른 잔디가 깔려 있고 꽃들이 울긋불긋 피어 있었습니다. 꽃이 무더기져 피어 있는 곳에 와서 케르스틴은 몸을 굽혔습니다.

"자, 이젠 날아가! 너를 데려오고 싶었던 곳이 바로 여기란다."

벌은 그 말을 다시 할 때까지 기다리지 않았습니다. 꽃향기가 벌을 잠에서 깨운 것입니다. 벌은 이미 꽃밭 한가운데로 날아가고 있었습니다. 거기엔 이미 다른 벌들이 와서 앉아 있었습니다. 그 벌들은 처음 보는 벌에게 물었습니다.

"넌 어쩌다 여기까지 왔니?"

"노이 쾰른에 있는 헤르만 사거리에서 지하철을 타고 왔지."

하지만 다른 벌들은 이 말을 믿지 않았습니다. 왜냐하면 그 벌들은 지하철을 타본 적이 한 번도 없었으니까요.

― 〈벌의 지하철 여행〉

이 동화는 '독일 초등학교 교과서'에 실려 있는 것이다. 케르스틴이라는 깜찍한 소녀가 지하철에서 자기 풀빛 바지에 앉아 있는 한 마리 벌을 무사히 공원에까지 데려다 주는 과정이 눈에 보이듯이 그려져 있다.

케르스틴이 나였다면 어떻게 하였을까? 누군가가 "애, 벌이 네 바지에 앉아 있구나"라고 귀띔했으면 바로 그 순간에 벌은 이미 시체로 변했을 것이다. 아니, 거기 사람들은 신문지를 들고서 벌을 털어 내겠다고 했으나 우리 이웃들이었다면 때려죽이자고 했을 것이다. 그리고 만일 아이가 반대했더라도 누군가 쏘일지 모르는 불안, 공포 때문에 우리네 어른들은 반드시 벌을 죽이고 말았을 것이다(아이의 의견과는 하등 관계없이).

우리 사회가 날로 흉악해져 가는 것도 이런 벌 한 마리를 대하는 사람의 생각과 무관하지 않다고 나는 본다. 세 살 적 버릇이 여든까지 간다는 우리네 속담이 있지 않은가.

예전 우리 선조들은 양식이 없어 사냥을 나갈 적에도 짐승의 목숨을 빼앗아야 하는 허물을 용서해 달라는 제(祭)를 먼저 하늘에 올릴 정도로 선하였다. 그러나 오늘의 우리 현실은 어떤가?

이 동화에서 또 한 가지 생각되는 점은 이 케르스틴의 부모는 누구일까 하는 것이다. 아이들은 어른들을 보고 자란다. 아이의 행동이나 사고는 부모를 닮게 마련이다. 그러니까 이 깜찍한 소녀의 본은 바로 그의 부모인 것이라 할 수 있다.

심지어 "쩌거 엄마, 쩌거 줘" 하며 벌을 달라고 우는 아기에게 대답하는 말을 보라. "너 노래도 할 줄 아는구나." 이처럼 아름다운 마음에는 울음소리조차도 노래가 되는 것이다.

우리는 흔히 더불어 살 줄 알아야 한다고 강조하고 있다. 그러기 위해서는 양보와 희생 같은 큰 사랑이 있어야 한다는 거창한 구호를 말하고 있다.

그러나 작은 것으로부터 시작되지 않는 큰 것은 없다. 물방울이 모여서 개울을 이루고, 개울이 모여서 강을 이루는 이치와 같다.

이처럼 흙과 나무와 꽃이 없는 지하철에서 벌 한 마리를 자연 속으로 데려다 주는 케르스틴의 마음이 결국 우리 지구를 아름답게 지켜가게 되리라 믿는다.

보물 중의 보물

 고즈넉한 사당 앞마당에 달빛이 하염없이 쏟아져 내리는 밤이었다. 그 사당에는 사람들에게 복을 준다는 신령스러운 말 한 마리가 살고 있었다. 말은 이날도 사당 한켠에 조용히 앉아 있었다. 낮 동안 콩을 한 줌씩 바치고 말을 구경하느라 북적대던 사람들은 어느새 모두 집으로 돌아가 사당 안은 잠든 듯이 고요했다. 그때 신령스러운 말이 몸을 뒤틀며 혼잣말을 내뱉었다.
 "저 심술궂은 말지기가 오늘도 또 내 콩을 다 훔쳐 갔단 말이야. 도대체 나는 뭘 먹고 살라는 거야?"
 말은 화난 얼굴로 씩씩거렸다. 그런데 한 바싹 야윈 소녀가 반쯤 열린 문 틈에 기대어 서서 자신이 하는 양을 물끄러미 바라보고 있는 것을 알아차렸다.
 "나는 신령스러운 말이라구. 그런데도 늘 나쁜 일만 생긴다니까. 왜 이럴까?"

말이 넌지시 소녀에게 넋두리를 늘어놓자 소녀는 머뭇머뭇 문지방 안으로 때 묻은 손을 밀어 넣었다.

"내 콩을 받아요. 보탬이 된다면 좋을 텐데……."

말은 가느다란 손마디를 바라보다가 다가서서 콩을 받으며 물었다.

"너는 누구니?"

"몰라요."

소녀는 고개를 내저으며 말했다.

"어디서 왔어?"

"저기 저 달에서 떨어진 것 같아요."

소녀는 달을 가리키며 배시시 웃었다. 말도 함께 웃었다.

"몇 살이니?"

"아홉 살."

"잠은 어디서 자는데?"

소녀는 문지방에 턱을 괴고 앉으며 대답했다.

"어디에서나 자요. 밭에서나 나무 아래서. 비가 오면 사당 안에서 자기도 해요. 가끔은 너무나 쓸쓸해져서 아파서 죽어 버렸으면 좋겠다고 생각할 때도 있어요."

달빛이 내려와 소녀의 젖은 눈가를 어루만지자 반짝이는 눈물방울이 흘러내렸다. 말은 그 눈물방울을 보며 말했다.

"울지 마, 아이야. 나는 뭐 더 좋은 게 있는 줄 아니? 나는 너의 자유가 부러운걸. 내가 여기에 갇힌 지도 벌써 15년째가 되었구나. 나도 너처럼 마을에서 마을로 돌아다니면서 나무 아래나 밭두렁에서 잔다면 정말 좋을 텐데……."

"정말 그렇게 하고 싶었어요?"

소녀는 손등으로 눈물을 훔치며 물었다.

"물론이야. 하지만 나는 여기 가두어진 채 하루 종일 사람들의 구경거리가 되고 있잖니. 사람들에게 신령스러운 말인 것처럼 보여야 하는 것이 내 임무거든."

"당신은 신령스러운 말이잖아요. 아니에요?"

말은 쓸쓸히 고개를 저었다.

"나는 내게 콩을 준 너의 절반만큼도 신령스럽지 않아."

"나는 당신은 정말로 행복할 줄 알았는데. 사람들이 항상 우러러보고 향을 피워 주는 게 근사하지 않아요?"

"젊은 날에는 그런 일들이 무척 좋았어. 자랑스럽기도 했지. 하지만 지금은 귀찮아졌어."

"하지만 당신은 콩을 가끔 도둑맞아도 가난한 우리보다는 훨씬 더 많이 먹을 수 있잖아요. 나는 당신의 하루 몫으로 사흘은 견딜 수 있는데……. 만약에 내가 당신이라면 나는 정말 기쁠 거예요."

소녀의 이야기에 솔깃해진 말이 되물었다.

"정말이야? 그럼 우리 사는 곳을 한번 바꾸어 볼까?"

"네?"

소녀는 깜짝 놀라 외쳤다.

"나는 말, 너는 소녀, 그대로 있는 거야. 다만 자리를 바꾸는 거지. 이따가 달이 밤하늘 한가운데 걸리면 사당 안의 모든 것이 잠들 거야. 그러면 네가 숨어들어 와서 나를 꺼내 주고 나서 네가 여기에 들어오는 거지. 나는 자유를 누리고 너는 너를 우러러보아 줄 사람들을 만나게 되겠지, 어때?"

소녀는 콩당콩당 뛰는 가슴을 누르며 말했다.

"당신을 끌어내고 대신 내가 신령스럽다고 주장하면 사람들이 나를 해치려고 하지 않을까요?"

"다른 설명은 필요 없을 거야. 여기에 있으면 모두가 기적이라고 믿을 테니까."

돌아가는 소녀의 등 뒤에 대고 말은 한 번 더 다짐하였다.

"꼭 달이 하늘 한가운데 걸렸을 때 와야 해. 그래야만 아무도 모르게 자리를 바꿀 수 있을 거야. 그다음에는 나도 밖을 돌아다니며 모험을 즐길 수 있게 되겠지? 야호!"

달이 하늘 한가운데 걸린 깊은 밤이 되었다. 소녀는 조심스럽게 사당으로 돌아왔다. 말은 목을 길게 빼고 서서 기다리고 있었다.

"다시 돌아오지 않을 줄 알았어."

"약속했잖아요. 하지만 내일 아침 사람들이 물으면 뭐라고 할까요?"

"언제나 '그것은 신께서 알고 계십니다'라고 말하면 돼. 그러고 나서 담담하게 주위를 두리번두리번거리면 되는 거야. 모든 사람들은 내가 여신으로 변했다고 생각할 거야. 이 상자 안에는 내가 제사 때마다 입는 멋진 비단옷이 들어 있어. 누더기 옷이 눈에 띄지 않도록 이 옷을 걸쳐 입고 있으렴."

소녀는 깜박 잠이 들었다. 눈을 떠보니 이미 해가 하늘 꼭대기에 올라 있었다. 사당 안에는 호기심으로 가득 찬 사람들이 몰려와 웅성대고 있었다. 맨 앞에 서서 소녀가 깨어나기를 기다리고 있던 관리가 눈을 휘둥그렇게 뜨고는 정중한 말투로 물었다.

"당신은 어디에서 오셨습니까?"

"그것은 신께서 알고 계십니다."

소녀가 진지한 표정으로 대답했다.

"하지만 신령스러운 말은 어디로 간 겁니까?"

소녀는 주위를 찬찬히 두리번거리고 나서 또 말했다.

"그것은 신께서 알고 계십니다."

관리의 얼굴이 새파래졌다. 늘어선 사람들은 바닥에 엎드리며 한꺼번에 중얼거렸다.

"이분은 여신이시다."

어느덧 10년의 세월이 흘렀다. 소녀도 이제 버젓한 아가씨로 자랐다. 여전히 많은 사람들이 소녀를 만나러 왔지만 누구도 소녀의 친구가 되어 주지는 않았다. 소녀는 이제 재산이 얼마가 되는지도 모를 만큼 부자가 되었지만 항상 가슴 한켠이 허전했다. 소녀는 외톨이였다.

10년 전과도 같은 보름달이 둥실 떠오른 어느 날 밤, 소녀는 홀로 마당을 거닐고 있었다. 그때 한 시녀가 다가와서 말을 전했다.

"믿어지지 않는 일이 일어났습니다. 좀 전 해 질 녘에 대문에서 달그락거리는 소리가 나기에 문지기가 문을 열었답니다. 그러자 털이 하얀 늙은 말 한 마리가 문 안으로 들어오려고 하였습니다. 아무리 쫓아 내도 문 앞에 버티고 서서 다시 들어오려고만 하더니 지금까지 떠나지 않고 있답니다."

"말을 들어오게 하세요. 어떤 동물이든 이곳에 들어오는 걸 막고 싶지는 않군요."

소녀가 이르자 시녀는 돌아가 말 한 필을 끌고 왔다. 가닥가닥에 먼지가 찌든 갈기를 늘어뜨린 늙은 말이 시신 걸음을 끌며 마당으로 들어왔다. 소녀는 시녀를 물리친 후 지그시 말을 바라보며 말을 건넸다.

"드디어 돌아왔군요. 제가 이런 부자가 된 것은 모두 당신 덕택이에요."

"그래. 돌아왔으니 내가 편안히 숨을 거둘 수 있도록 마구간 구석에라도 들어가 눕게 해주겠니?"

말이 가느다란 목소리로 힘없이 말했다.

"당신은 그렇게도 바라던 자유를 찾아갔잖아요. 그런데 자유를 누리지 못했나요?"

"그런 셈이지. 친구를 얻지 못한다면 아무것도 소용이 없다는 걸 알았어. 오직 너만이 나의 친구였어. 내가 다시 돌아온 것은 친구 곁에 있기 위해서야. 네 곁에서 숨을 거두고 싶어."

소녀는 쓰러진 말의 목덜미를 두 팔로 끌어안으며 함께 눈물을 흘렸다. 말은 흐느끼는 소녀의 얼굴을 핥으며 물었다.

"어쩌면…… 너도 부자가 된 것이 행복하지만은 않은 모양이지?"

"그것은 신께서 알고 계십니다."

소녀가 말의 젖은 두 눈을 바라보며 말했다.

"빛나는 금도 친구가 없으면 아무것도 아니던걸요."

소녀가 말을 마치고 늙은 말의 어깨를 쓰다듬었을 때였다. 말은 갑자기 아름다운 왕자가 되었다. 왕자는 소녀의 어깨를 일으켜 세우며 말했다.

"무엇이든 우정과 사랑이 없으면 아름답지 않지요?"

"그것은 신께서 알고 계십니다."

소녀는 이렇게 대답했다. 그리고 왕자와 정답게 달빛을 밟으며 멀리 떠나갔다.

─〈그것은 신께서 알고 계십니다〉(중국 전래 동화)

이 동화를 읽으면서 생각한 것은 인간들은 신을 지어내길 좋아한다는 사실이었습니다. 선한 사제는 사람을 구원의 길로 인도하지만 사이비 사제는 사람을 나락으로 몰고 갑니다.

특히 오늘날과 같이 어떻게 살아야 옳은 삶인지, 가치관이 혼돈되는 현실에 있어 자칫 몽롱해지다 보면 사이비 종교에 휘말려 들게 됩니다. 우리나라에도 이 문제가 그치질 않고 있습니다만 이웃 일본에서도 얼마 전 전철역 구내에 독가스를 살포한 '옴 진리교' 사건으로 떠들썩하지 않았습니까.

이 동화에서는 처음엔 말을 떠받드는 일을 벌이지요. 말은 사실 공양받은 콩을 빼내 가는 말지기에 대해 부글부글 화를 끓이고 있는데 사람들은 그저 신령스럽다며 경배합니다(우리 주변에도 신에게 바친 신탁금을 횡령하는 종교가들이 제법 있을 테지요).

여기에 자기가 달에서 떨어진 것 같다는 떠돌이 소녀가 나타나는데, 그저 그 마구간에서 우두커니 경배나 받고 살기에 지친 말이 지리를 바꾸자고 합니다. 자신의 미천한 신분이 탄로나면 어떻게 하느냐며 망설이는 소녀에게 귀띔해 주는 말의 한마디를 보세요.

"그것은 신께서 알고 계십니다."

이 얼마나 우매한 인간들을 꼼짝달싹하지 못하게 하는 말입니까.

두 번째로 이 동화에서 확인할 수 있는 것은 우정과 사랑이 이 세상의 어떤 것보다도 값지다는 진리입니다. 마무리를 보세요. 소녀가 말의 젖은 두 눈을 바라보며 말하지 않습니까.

"빛나는 금도 친구가 없으면 아무것도 아니던걸요."

그러나 오늘의 우리는 어떻습니까. 사랑도 친구도, 돈이나 권력이 주어진다면 헌신짝처럼 버리는 세상이 되었지 않습니까.

이것이 축생의 사술이지요. 왕자조차도 이런 사술에 걸려서 말 일생을 살아왔던 것입니다. 그러나 마침내 소녀의 변함없는 사랑에 의해 축생의 사술이 벗겨짐을 이 전래 동화는 깨우쳐 주고 있습니다.

진짜를 알아보는 눈을 떠야 합니다.

빈손의 영광

프랑스 루이 왕 시절의 이야기입니다.

바르나베라는 가난한 곡예사가 있었습니다. 그는 재주를 넘고 곡예를 부리면서 이 고을 저 고을로 떠돌아다니며 살고 있었습니다.

바르나베가 먹고사는 방법이란 이렇습니다.

장날이면 사람들이 많이 지나다니는 장소에다 낡아 빠진 자리를 펴놓습니다. 그러고는 우스개 이야기를 시작해서 사람들을 모은 다음에 물구나무를 섭니다. 이때부터 바르나베의 기찬 재주가 나오는 것입니다.

구리 공 여섯 개를 공중에 던져 발로 받는가 하면 칼 열두 자루로 칼춤을 추어 댑니다. 그럴 때면 탄복하는 소리가 구경꾼들 속에서 터져 나오고 여기저기서 던져지는 동전이 있습니다.

그러나 곡예사의 생활이란 대부분 다 그렇듯이 바르나베의 형편 또한 항시 초라하기만 하였습니다.

그중에서도 겨울이나 장마철이 되면 여간 괴로운 게 아니었습니다. 번번이 장이 서지 않을 뿐만 아니라 구경꾼들 또한 조무래기 아이들이 전부이기 때문입니다.

그러던 어느 날이었습니다. 하루 종일 내린 비로 곡예를 하지 못한 바르나베는 돈이 없어서 저녁밥도 먹지 못하였습니다.

바르나베는 어디 잠잘 헛간이라도 없을까 해서 두리번거리며 걷다가 수사 한 사람을 만나게 되었습니다. 두 사람은 같은 방향으로 걷고 있었기 때문에 서로 말이 오가기 시작했습니다.

"여보세요."

수사가 곡예사를 향해서 물었습니다.

"당신은 어릿광대의 옷을 입었는데 혹시 연극에서 곡예사의 역이라도 맡고 나가는가요?"

"아닙니다, 신부님."

바르나베가 대답하였습니다.

"보시는 바와 같이 저는 바르나베라는 곡예사올시다. 날마다 밥만 먹을 수 있다면 이 세상에서 이보다 더 좋은 직업은 없을 것입니다."

"바르나베 씨, 말조심하십쇼."

수사가 말을 이었습니다.

"수사보다 더 좋은 직업이란 없습니다. 우리는 항시 하느님과 성모님과 성인들을 찬양하는 찬가만을 부를 뿐 아니라 어디서나 천주님을 기리는 일에만 종사하니까요."

바르나베는 부끄러워하며 이렇게 대답하였습니다.

"신부님, 아무것도 모르는 제 말을 용서해 주십시오. 신부님의 직업은 저의 직업 따위와는 비교도 할 수 없이 훌륭합니다. 신부님, 저도 신부님처럼 날마다 성모님을 찬미하며 살고 싶습니다. 성모님께 미사의 노래를 불러 드릴 수만 있다면 그 이상의 영광이 어디 있겠습니까?"

수사는 곡예사의 소박함이 마음에 들었습니다.

"바르나베 씨, 나하고 같이 갑시다. 내가 원장으로 있는 수도원에 넣어 주겠소. 이집트 여인 마리아를 사막으로 인도해 주신 그분이 나를 당신의 길로 데려다 주신 것이오."

그리하여 바르나베는 수사가 되었습니다.

바르나베가 있는 수도원의 수사들은 모두들 하느님이 주신 지식과 기술을 하느님께로 더 높여서 바치기에 온 힘을 다하고 있었습니다.

원장은 성모님의 덕을 다룬 원고를 썼고, 모리스 수사는 송아지 가죽에 그 글을 베꼈으며, 알렉상드르 수사는 거기에 알맞은 그림을 그려 넣었습니다.

그리고 마르보드 수사는 끊임없이 돌을 깎고 있었는데, 그의 머리와 수염은 항시 돌가루로 허옇게 덮여 있었습니다.

이외에도 수도원에는 시인 수사와 음악가 수사가 있어서 동정녀 마리아를 찬양하는 시를 읊고 음악을 연주하였습니다.

이처럼 모든 수사들이 다투어 성모님을 기리며 훌륭한 일을 하는 것을 보자, 바르나베는 자신의 무식함과 단순함에 대해 몹시 서글픈 생각이 들었습니다.

"아, 슬프다."

바르나베는 그늘 없는 수도원의 작은 뜰을 거닐면서 한숨을 쉬었습니다.

"나는 마음속으로밖엔 성모님께 사랑을 바칠 수 없다. 다른 유식한 수사들처럼 당당히 성모님을 찬양할 수 없으니 이 얼마나 불쌍한가. 아아, 슬프도다. 나는 아무 데도 쓸모없는 인간이로구나. 성모님, 저는 성모님을 섬기기 위해 설교도 할 줄 모릅니다. 원고도 쓸 줄 모르고 그림도 그릴 줄 모릅니다. 조각을 할 줄 모르고 시도 지을 줄 모릅니다. 음악도 연주하지 못해요. 나는 모르는 것투성이입니다. 아! 저는 정말로 불쌍한 인간입니다."

그는 늘 슬픔에 잠겨서 지냈습니다.

하루 저녁에는 수사들이 이야기를 하면서 놀고 있었는데, 그중의 하나가 '아베마리아' 밖에 읊을 줄 몰랐던 어눌 수사 이야기를 하였습니다. 그 수사는 살았을 때는 다른 수사들로부터 업신여김을 받았으나, 그가 죽자 그 수사의 입에서 다섯 송이의 장미꽃이 나왔다는 것입니다.

이 이야기를 들으면서 바르나베는 성모님의 어지심에 다시 한 번 감격하였습니다. 그러나 그의 슬픔이 없어진 것은 아니었습니다. 그것은 성모님을 영광되게 해드릴 자기의 일거리가 떠오르지 않았기 때문입니다. 그러던 어느 날 아침이었습니다. 바르나베는 아주 즐거운 마음으로 눈을 떴습니다.

바르나베는 성당으로 달려가더니 거기서 한 시간 이상이나 혼자 있었습니다. 저녁을 먹은 후에도 혼자서 성당에 갔습니다.

그날부터 바르나베는 성당에 아무도 없을 시간이면 꼭꼭 혼자서 성당에 다녀오곤 하였습니다. 다른 수사들이 맡은 일, 시를 짓거나 그림을 열심히 그리는 그 시간에 바르나베는 없어지는 것이었습니다. 전처럼 슬퍼하는 얼굴이 아니었습니다. 눈은 빛났고 걸음걸이도 활기에 찼습니다.

바르나베의 갑작스러운 변화가 다른 수사들의 호기심을 끌었습니다. 더러는 왜 바르나베가 자주 없어지는지 궁금하게 여겼습니다.

수도원장은 직책상 수사들의 움직임을 빠짐없이 알고 있어야 했습니다. 수도원장은 바르나베가 어디에서 무엇을 하는지 알아낼 것을 결심하였습니다.

마침내 어느 날, 바르나베가 여느 때와 같이 성당 안에 혼자 틀어박혀 있을 때 수도원장은 수도원의 가장 나이가 많은 수사 두 사람과 함께 문틈으로 성당 안을 들여다보았습니다.

그들은 바르나베가 성모님의 성단 앞에서 물구나무를 서고 있는 걸 보았습니다. 아니, 그것뿐만이 아니었습니다. 구리 공 여섯 개와 칼 열두 자루로 재주를 부리는 것이었습니다.

이 순진한 바르나베가 성모님을 섬기고자 자기가 가지고 있는 단 하나뿐인 재주를 부리고 있는 것입니다. 그러나 두 고참 수사는 이를 미처 깨닫지 못한지라 바르나베를 끌어내고자 문을 열고 들어갔습니다.

바로 그때였습니다. 바르나베가 곡예를 마치고 일어나자 성단 위의 성모님이 가만히 계단을 걸어 내려와 푸른 성모님의 옷자락으로 바르나베의 이마에서 흘러내리는 땀방울을 씻어 주는 것이었습니다.

그러자 수도원장은 얼굴을 돌바닥에 대고 이렇게 외쳤습니다.

"마음이 청결한 이는 복이 있나니 저희가 하느님을 볼 것이오."

— 아나톨 프랑스, 〈성모님의 곡예사〉

살다 보면 신한테 감히 대들고 싶을 때가 있다.

'왜 이렇게 살아가기 어렵게 합니까?'

'왜 이런 기구한 만남이 있습니까?'

'왜 이렇게 불공평합니까?'

'당신은 지금 어디에 있습니까?'

'도대체 당신의 뜻은 무엇입니까?'

그런데도 신은 침묵만 하고 있다. 답답하다고 생각하면 답답해 죽을 지경이다. 하지만 신의 침묵은 우리들 인내 너머에 있다. 신의 수수께끼는 우리가 풀어야 하는 우리의 몫인 것이다.

〈성모님의 곡예사〉는 아나톨 프랑스의 짧은 단편이다. 이를 내가 최소한으로 또 줄였다. 이 작품을 읽으면 신의 수수께끼 중 하나는 풀 수 있다고 생각한다. 곧 신은 인간들에게 '자기 꽃'을 원한다는 것이다.

제비꽃이 자기의 꽃이 초라하다고 하여 팬지 꽃을 빌려서 올리는 것을 바라지 않는다. 채송화가 자기의 꽃이 작다고 하여 큰 해바라기를 빌려서 올리는 것 또한 바라지 않는다. 제비꽃은 제비꽃대로, 채송화는 채송화대로 최선을 다하여 피워 드러냄을 신은 사랑하신다.

바르나베라는 곡예사는 수사들의 유식한 드림에 비해 자신의 무식을 한탄한다. 그는 자기의 일거리가 떠오르지 않아서 슬퍼하던 중 어느 날 아침, 문득 깨닫는다. 자기가 가진 것이 비록 미천한 것일망정 그것을 정성들여 드리면 즐거이 받을 것이라는 믿음이 생겼기 때문이다. 그리하여 이 순진한 바르나베가 자기가 가지고 있는 하나뿐인 재주를 봉헌했을 때 성모님이 얼마나 흡족하였으면 걸어 내려와서는 안 되는 계단을 걸어 내려와 성의로 땀을 닦아 주기까지 하였을까.

여기에서 나는 부모들의 자녀 교육에 대해서도 함께 생각해 볼 것이 있다고 본다. 부모들은 자기들의 자식이 시시한 풀꽃이 아닌 모란 같은, 백합 같은 꽃 중의 왕 꽃으로 피어나길 바랄 것이다. 하지만 유감스럽게도 신은 저마다에게 각기 다른 꽃씨를 떨어뜨려 주었다(유감스럽게도 이름 있는 꽃보다도 이름 없는 꽃이 몇 배 많다).

좋은 부모란 자기의 욕망 편에서가 아니라 신의 편에 서서 신이 자신들의 자식에게 심어 준 씨(적성)가 무엇인지를 잘 알아보고 그에 합당한 꽃을 피우도록 도와주는 것이 아닐까. 신의 수수께끼는 이렇듯 오묘하지만 단순 평범 속에 그 답이 숨겨져 있는 것이다.

시련도 축복이다

옛날 어떤 나라에 항상 근심에 잠긴 임금님이 한 분 살았단다. 그는 뭐든 다 마음대로 할 수 있었지만 '명령'만은 일생에 단 한 번만 내릴 수 있다는 이상한 운명의 별과 함께 태어났지. 그런데 불행하게도 임금님은 자기가 할 수 있는 수많은 일들엔 눈길조차 주지 않고 무슨 명령을 내릴 것인가를 궁리하느라 그의 젊은 날을 허비해 버렸지.

그렇게 많은 시간이 흘러 버린 어느 날, 임금님은 빈시가 끼를 이룬 의자에서 일어나 거울 앞에 섰어. 그러곤 거울에 비친 자신의 모습을 보고는 너무나 놀랐어. 그렇게 아름다웠던 얼굴은 사라지고 주름 가득한 이마와 홀쭉한 뺨을 가진 한 노인이 지친 모습으로 거울 안에 서 있었던 거야.

자신을 행복하게 만들 수 있는 단 하나의 명령을 찾아내느라 고민하는 동안 세월은 수없이 오고가 임금은 호호백발의 할아버지가 되어 버렸던 거지.

'너희들 탓이야! 내게 이렇게도 불행한 운명을 안겨 준 너희들 때문에 난 꽃피는 봄도 하얀 파도가 부서지는 여름 바다도 단풍 드는 가을 산도 눈 내리는 겨울밤도 보지 못하고 이제 아무것도 할 수 없는 늙은이가 되어 버렸어.'

임금님은 원망에 가득 찬 음성으로 운명의 별에게 소리를 질러 댔지. 그러곤 마침내 결심했어. 그 명령으로 복수를 하리라는 어리석은 결심을 말이야.

별이 총총한 어느 봄날 밤, 제일 높은 산봉우리에 올라선 임금님은 하늘을 향해 그의 처음이자 마지막인 명령을 내렸지.

"별아, 별아, 내 운명의 별아! 하늘에서 떨어져서 땅 위의 보잘것없는 꽃이 되어라. 내 기꺼이 너를 밟고 다니는 양치기가 되리라!"

그러자 순식간에 하늘에서 땅으로 쏟아지는 별의 폭포가 생겼어. 그 폭포를 타고 내린 금빛 물방울들은 하나씩 둘씩 짝을 지어 벌판 이곳저곳으로 흩어졌어.

이윽고 폭포 소리가 멈추었을 때 임금님은 칠흑 같은 어둠에 빠져 아무것도 볼 수 없는 눈뜬장님이 되고 말았지.

날이 밝자 그 언덕에는 별을 닮은 풀꽃이 흐드러지게 피어 있었고, 늙은 양치기가 흰 구름 두둥실 떠 있는 하늘과 작고 노란 꽃송이를 번갈아 보며 멍하니 앉아 있었단다.

그렇게 많은 시간이 흘러갔어. 양치기가 된 임금님은 처음엔 너덜

너덜한 자신의 옷차림에 슬퍼했지만 얼마 지나지 않아 새로운 일에 만족하게 되었어. 온순한 양을 몰아 풀을 뜯게 하고 나날이 탐스러워진 양털로 사람들에게 겨울을 따뜻이 나게 할 수 있다는 사실이 그를 말할 수 없이 행복하게 했지.

해가 뜨면 부지런히 일하고 밤이면 깊은 잠 속에서 휴식을 얻는 단순한 일과 때문에 그는 사람들의 밤에 대해선 전혀 알지 못했어. 그래, 그때까진 양치기가 된 임금님은 행복했었어. 자신의 노력으로 다른 모르는 사람을 위해 무엇인가를 하는 데서 얻는 즐거움을 그는 처음으로 알게 되었던 거야.

그러던 어느 깊은 밤, 그는 창가에서 들리는 어렴풋한 소리에 그만 화들짝 잠이 깨고 말았어. 그리고 짧았던 행복도 그만 끝이 나고 말았지.

"아니, 해만 지면 꼼짝을 할 수 있어야지! 그 멍청이 같은 왕이 하늘의 별을 모두 없애 버린 후론 밤만 되면 이 숨막히는 어둠 때문에 갑갑해서 숨을 쉴 수가 없어."

달이 모습을 드러내지 않는 날이면 사람들은 별을 사라지게 한 자신을 원망한다는 것을 알게 된 임금님은 잠을 잃고 말았어. 그는 괴로운 마음으로 하늘과 가장 가까운 산봉우리로 올라갔지.

한 치 앞도 볼 수 없는 어두움 때문에 여기저기 생채기가 생겼지만 임금님은 아픈 줄도 몰랐어. 부드러운 봄바람이 불고 있었지. 그는 산봉우리의 잔디 위에 누워 아무것도 보이지 않는 하늘을 올려다보며 자신의 어리석음을 후회했어. 하지만 이제 그가 할 수 있는 일은 없었지.

임금님은 가만히 풀밭을 쓸어 보았어. 그때 손가락 사이에 걸린 풀꽃 하나. 임금님은 보지 않고도 알 수 있었지. 다시 별이 되고 싶어 언제나 하늘을 향해 작은 꽃잎을 열고 있는 풀꽃.

'아아, 내가 다시 한 번만 명령을 할 수 있다면 저 꽃잎에 날개를 달아 줄 텐데. 그러면 난 별이 된 꽃들의 반짝이는 빛을 받으며 다시 단잠을 잘 수도 있을 텐데……'

그 순간 마음 깊숙한 곳에서 길어 올려진 임금님의 한숨이 기적을 만들었어. 그의 한숨이 부드러운 바람이 되어 고향을 꿈꾸며 몸을 부풀리고 있던 꽃씨를 날게 한 거야.

하늘엔 갑자기 금빛 물결이 출렁이기 시작했지. 하나 둘씩 빛을 발하기 시작하는 별빛으로 동트기 시작하는 세상을 보며 기쁨에 떨던 임금님은 만족해서 긴 하품을 몰아쉬며 잠 속으로 빠져 들기 시작했단다.

그 이후로 사람들 사이엔 봄이면 하늘과 땅 사이를 오르내리는 꽃과 별의 이야기가 떠돌았지만 누구도 꽃이 되기 위해 떨어지는 별을 본 사람은 없었더란다.

—〈풀과 별〉(전래 동화)

세상을 살다 보면 우리는 정신이 '깜박' 하여 잊어버린 것들이 종종 있습니다. 정작 중요한 서류를 잊고 나오는가 하면 버스나 지하철에 우산을 놓고 내린 일, 공중전화 통 위에 지갑을 두고 유유히 나온 경험도 있을 것입니다.

그러나 이런 물건들은 그래도 나은 편입니다. 인생에 있어 기회나 사람을 '깜박' 잊어서 통한의 아픔을 간직한 채 살아가고 있는 분들도 적지 않으리라 믿습니다.

이 동화에 나오는 임금이라는 이름을 가진 사람은 일생에 단 한 번 밖에 쓸 수 없는 명령을 궁리하느라 천금과도 바꿀 수 없는 시간을 '깜박' 하고 맙니다. 임금은 먼지가 켜를 이룬 의자에서 일어나 거울 앞에 서서야 이 사실을 알지요. 그 팽팽한 젊은 얼굴이 어느덧 사라지고 주름 가득한 얼굴의 노인이 거울 속에 서 있었으므로.

이것을 현대의 우리들한테로 대입해 봅시다. 한 가지 일밖에 할 수 없다는 운명을 가지고 태어났기 때문에 이것을 할까, 저것을 할까 기웃거리다 어느덧 흘러가 버린 세월. 검은 머리가 하얗게 세어진 것을 거울 속에서 어느 날 문득 발견한 우리 가운데의 '임금'도 있지 않은가요.

그런 점에서 본다면 우리들 인생은 모두 '깜박'의 덫에 걸린 것인지도 모릅니다. 돌아보면 아쉽고, 슬프고, 허허롭기만 한 생이기 때문입니다. 이 '깜박'의 덫에서 빠져나오는 길은 지금 이 시간을 충실히 사는 것일 것입니다. 예수님도 '그날의 수고는 그날로 족하다'고 하였지요.

이 동화 속의 임금처럼 자기가 지금 할 수 있는 일에는 눈길조차 주지 않고 망상에 이 아까운 시간을 그냥 흘려보내고 있는 '나'는 없는지……. 그 '나'는 후일 꽃피는 봄도, 하얀 파도가 부서지는 여름 바다도, 단풍 드는 가을 산도, 눈 내리는 겨울밤도 안아 보지 못하였다고 누구를 원망할 것인지…….

나는 가장 나쁜 죄 중의 죄는 저주라고 생각합니다. 그 저주로부터 악이 잉태되기 때문입니다. 여기의 '임금'도 내 탓을 도리어 저주로 돌렸다가 광명(눈)을 잃는 벌을 받습니다. 그러나 누가 '시련은 축복'이라고 했던가요.

임금은 어둠 속에서 비로소 빛의 삶을 삽니다. 양치기로서 양들을 몰아 풀을 뜯기며, 한편으로는 탐스러워지는 양털로 가난한 사람들에게 따뜻함을 주며, 그리고 마침내 자신의 저주로 땅에 내려와 풀꽃이 되어 있는 별들에게 눈물로 참회하여 다시 하늘의 별로 돌아가게 합니다.

혹시나 이 임금처럼 한때 '깜박' 병에 걸려 헛눈을 팔았거나, 허깨비 같은 인생을 살아온 사람이 있다면 나는 이 동화를 빌려서 귀띔해 주고 싶습니다. 지금이 결단의 시간이라고. 지금의 이 순간 순간을 금쪽처럼 아껴 써서 본래의 삶의 지향대로 살아가라고요.

돈이 좀 없으면 어떤가요. 지위가 좀 없으면 어떤가요. 헛살고 있는 내가 아닌 참 삶을 살고 있다면 저 푸른 풀잎 하나도, 풀벌레 소리 한줄금도 보물이라 생각합니다.

당신은 지금 이 삼라만상과 함께 숨 쉬고 있으므로 행복할 권리가 있습니다.

인간 발견

오래전, 해수면 아래에 놓여 있는 나라 네덜란드에 '피터'라는 한 소년이 살고 있었다. 피터의 아버지는 수문이라고 불려지는 제방의 문들을 보살피는 사람들 중의 한 사람이었다. 그는 배들이 네덜란드의 운하에서 밖으로 나가 대양으로 갈 수 있도록 수문을 열고 닫았다.

피터가 여덟 살이던 초가을 어느 날 오후, 피터의 어머니는 친구들과 놀고 있던 그를 불렀다.

"피터야, 과자를 좀 구웠는데 제방 건너에 사는 너의 그 눈먼 친구에게 갖다 줬으면 좋겠구나. 중간에서 한눈팔고 놀지만 않는다면 어둡기 전에 집에 돌아올 수 있을 거야."

어린 소년은 그런 심부름을 하게 되어 무척 기뻤다. 그는 가벼운 마음으로 길을 떠났다. 그리고 그 긴 둑을 지나 불쌍한 눈먼 친구에게 도착한 그는, 그가 볼 수 없는 것들 — 빛나는 태양과 꽃, 멀리 바다 밖에 떠 있는 배들 — 에 대해 오랜 시간 동안 얘기했다. 얼마 후,

어린 소년은 어둡기 전에 되돌아와야 한다는 어머니의 바람을 기억해 내고는 그의 친구에게 작별 인사를 고하고 집을 향해 출발했다.

걸어가면서 피터는 때때로 하늘빛을 닮은 길가의 예쁜 꽃들을 따거나, 토끼들이 풀숲에서 이리저리 헤집고 다닐 때 그들이 부드럽게 내는 발소리를 듣기 위해 걸음을 멈추곤 했다. 그리고 즐거운 일거리라고는 거의 없고, 자기를 보면 언제나 기뻐하는 그 불쌍한 눈먼 친구를 방문했던 일을 생각하면서 입가에 잔잔한 미소를 띠곤 했다.

그때 갑자기 그는 태양이 사라지고 사방에 어둠이 깔리고 있다는 사실을 알아차렸다. 그리고 엄마가 걱정하며 기다리고 계시리라는 생각에 집을 향해 달려가기 시작했다.

바로 그때, 그는 어떤 이상한 소리를 들었다. 자세히 귀를 기울여보니 그것은 틀림없이 물 흐르는 소리였다. 발걸음을 멈추고 아래쪽을 내려다보았다. 제방에 조그만 구멍이 하나 나 있었는데 바로 그 구멍을 통해서 아주 가느다란 물줄기가 흘러나오고 있었다.

피터는 즉시 위험을 알아차렸다. 만약에 바닷물이 그 조그만 구멍을 통해 들어오게 되면 그것은 곧 더 큰 구멍이 될 것이고, 그러고는 마침내 온 나라가 물바다가 돼버릴 것이었다. 이내 그는 자신이 무엇을 어떻게 해야 할 것인지 알아차렸다. 손에 들려 있던 꽃들을 바닥에 내팽개치고 제방 아래로 내려가 자신의 손가락 하나를 그 작은 구멍에 찔러 넣었다물은 멈췄다. 더 이상 새어 들지 않았다.

'오오! 저 성난 파도가 들어오게 해서는 안 돼. 손가락으로 못 들어오게 할 수 있을 거야. 그래! 내가 여기에 버티고 있는 한 네덜란드가 물에 빠져 죽는 일은 없을 거야!'

처음에는 그런대로 견딜 만했지만, 이내 곧 어두워지고 날씨가 추워졌다.

피터는 소리치고 또 소리쳤다.

"누구 없나요? 아무도 없어요? 제발 이리 좀 와주세요."

그의 목소리에는 울음마저 섞여 있었다. 그렇지만 아무도 그가 외쳐 대는 소리를 듣지 못했다. 아무도 그를 도우러 나타나지 않았다.

날씨는 더 차가워졌고, 그의 한쪽 팔은 아리다 못해 뻣뻣해지기 시작했다. 그는 다시 소리쳤다.

"아무도 없어요? 엄마! 엄마!"

그러나 그의 어머니는 해가 진 후 여러 차례 제방 길을 따라 근심스러운 눈길을 던지며 자신의 어린 아들을 내내 기다리다가 '내일 아침에 오면 허락도 없이 집에 오지 않은 데 대해 좀 꾸짖어야지' 하는 생각을 하면서 이제 막 오두막 문을 걸어 잠그고 있었던 것이었다. 피터는 휘파람을 불려고 했지만 마음대로 되지 않았다. 어금니가 추위로 달그락거렸다. 따뜻한 잠자리에 들어 있을 형과 누이 그리고 사랑하는 어머니와 아버지 생각이 났다.

'그들을 물에 빠져 죽게 할 수는 없어…….'

그는 생각했다.

'밤새도록 기다릴 거야. 누군가가 올 때까지…….'

달과 별들이 제방의 돌 위에 웅크리고 앉아 있는 그 어린아이를 내려다보고 있었다. 머리가 떨구어진 채, 두 눈은 감겨 있었지만 그는 잠들어 있지 않았다. 왜냐하면 이따금 그는 성난 바닷물이 들어오지 못하게 하고 있는 손을 문지르곤 했기 때문이었다.

'난 참아 낼 거야. 난 참을 수 있어' 하며 그는 밤새껏 그렇게 웅크리고 있었다. 바닷물이 들어오지 못하게…….

그리고 그다음 날 이른 아침, 일터로 가고 있던 한 사람이 제방 꼭대기로 난 길을 따라 걷다가 신음 소리를 들었다. 가장자리를 넘겨다보니 한 어린아이가 거대한 장벽에 달라붙어 있었다.

"무슨 일이냐? 어디 다쳤니?"

"저는 바닷물이 들어오지 못하게 하고 있는 거예요!"

피터가 소리쳤다

"빨리 사람들을 좀 불러 주세요."

비상경보가 퍼져 나갔다. 사람들이 삽을 들고 달려왔고, 마침내 그 물구멍은 곧 틀어막아졌다.

사람들은 피터를 들것에 실어 그의 부모님이 있는 집으로 데리고 갔고, 이내 마을 사람들은 그가 그날 밤 어떻게 자신들의 목숨을 구했는지 알게 되었다. 그리고 오늘날까지, 사람들은 네덜란드의 그 용감한 꼬마 영웅을 결코 잊지 못하고 있다.
―〈아이 손가락 하나가 한 일〉

1995년 7월 15일은 참 감동스러운 날입니다.
서울 서초동의 삼풍 백화점 붕괴 현장에서 한 스푼의 음식, 한 모금의 물도 먹지 못한 채 높이 40센티, 너비 160센티의 공간에서 15일 17시간을 견딘 박승현(19세) 양이 살아서 우리들의 곁으로 돌아온 것입니다.
나는 TV 화면으로 들것에 실려 나오는 박 양을 보면서 새삼스럽게 '그래, 인간이야' 하고 되뇌었습니다. 그동안 나는 축생보다도 못한 인간들이 날로 늘어나는 데 대해 두려움을 느끼고 있던 터였습니다 (짐승보다 더 포악하고 잔인하고 사악한 인간들이 신문 방송을 덮고 있었으므로). 그러나 박승현 양을 보고 있자니 어디 축생이 저렇듯 용기를 잃지 않을 수 있으며, 인내할 수 있는가 싶은 생각에 오랜만에 인간임의 긍지감이 드는 것이었습니다.
몇 해 전 〈로메로〉라는 영화에서 주교가 군부에 의해 처참하게 고문당해 죽은 양민의 시체를 부둥켜안고 '인간이란 말이야, 인간이란 말이야' 하고 절규하던 장면이 오버랩 되기도 했습니다.
그렇습니다. 인간이 인간일 수 있는 것은 참 용기와 인내가 있기 때문입니다. 참 용기란 절망적인 상황에서도 절망하지 않는 것이며, 인내란 어떠한 역경 속에서도 의지를 굽히지 않고 견디는 것임을 이번 기회에 확인한 계기가 되었습니다.

내가 여기에 소개한 이 동화에도 인간됨의 용기와 인내가 있습니다.

작은 물줄기 하나쯤이야 어른들은 얼마든지 무시할 수 있지요. 특히 이해관계로 따져서 자기 손해라고 생각하면, 그리고 돈이 생기지 않는 일이라면 십중팔구는 외면하게 마련입니다. 그런데 여덟 살 먹은 피터는 제방에 난 작은 구멍이 큰 구멍이 되고 그리하여 온 나라가 물바다가 될 것이라는 걱정에서 자기 손가락을 밀어 넣어 막은 것입니다. 소년의 말을 들어 봐요.

"내가 여기에 버티고 있는 한 네덜란드가 물에 빠져 죽는 일은 없을 거야."

이보다 거룩한 용기가 어디에 있을까요? 날씨가 어두워져 주위까지 몰고 와 소년의 팔은 아리다 못해 뻣뻣해졌으나 '난 참아 낼 거야. 난 참을 수 있어' 하며 밤새도록 그곳에 그대로 웅크리고 있지 않습니까. 이 또한 얼마나 숭고한 인내인가요?

이 동화는 네덜란드 이야기이지만 놀랍게도 미국의 무명작가 작품이라고 합니다. 그런데 미국의 관광객들이 네덜란드에 가서 작가의 동상을 찾는다는 외신 보도를 본 적이 있습니다.

선택

 개구리 아줌마는 휴가철이 되어 바닷가로 여행을 떠났습니다.
 한참 동안 길을 가다 보니 불쌍한 거북이 한 마리가 딱딱한 등껍질 아래서 달달 떨고 있는 것이 보였습니다. 개구리 아줌마는 몰고 가던 꼬마 오토바이를 세우고 소리쳤습니다.
 "이봐, 거북이. 그러다 내 오토바이 바퀴에 치이면 어쩌려고 그래?"
 그러자 거북이가 말했습니다.
 "개구리 아줌마, 난 지금 휴가를 가는 중이에요. 그런데 얼마나 많은 자동차가 지나가는지 도저히 길을 건널 수가 없어요. 이러다간 바닷가에 언제 닿을지 알 수가 없군요! 아줌마가 뒤에 끌고 가는 수레에 내가 들어갈 만한 자리가 없을까요?"
 개구리 아줌마는 몹시 난처했습니다. 짐수레는 가득 찬 데다 그 가운데 어느 것 하나도 쓸모없는 물건은 없기 때문입니다.
 거북이가 말했습니다.

"아줌마, 고무보트를 내려놓고 가시지요. 제 등에 아줌마를 태워서 이리저리 바다 위를 구경시켜 드릴게요."

그러자 개구리 아줌마가 말했습니다.

"그럼 좋아요. 어서 올라타세요. 그리고 떨어져 나가지 않게 잘 붙어 있어야 해요. 내 오토바이는 바람처럼 달려가니까."

조금 가다 참새 가족을 만난 개구리 아줌마는 이번에는 기타를 내려놓고 그 가족을 태웠습니다. 그러다 달팽이 한 마리도 짐들 사이로 미끄러져 들어왔습니다. 얼마 가지 않아 이번에는 판다곰이 오토바이를 세웠습니다.

개구리 아줌마는 망설였습니다. 수레가 가득 찼는데 그것을 버스로 바꿔 놓고 싶지는 않았기 때문입니다.

그때 판다곰이 말했습니다.

"아줌마, 짐 중에 두꺼운 책들은 내려놓으세요. 나는 여기저기 여행을 많이 했기 때문에 아줌마가 원하기만 하면 내가 아는 이 세상 모든 나라에 대해 아줌마에게 이야기해 드릴 수 있으니까요."

"좋아요. 비좁지만 어서 올라타서 자리를 잡으세요."

그러나 판다곰까지 올라타자 이제는 오토바이가 움직이지를 않는 것이었어요. 언덕 위를 올라갈 때까지는 모두 함께 오토바이를 뒤에서 밀어야만 했지요.

언덕 꼭대기에 오르니 너 나 없이 땀을 흘리고 숨을 헐떡였습니다.

꼬마 달팽이는 지친 나머지 짐 가방 위로 올라갔습니다.
 갑자기 달팽이가 소리쳤어요.
 "바다다! 바다가 보인다!"
 그러자 겁이 나 있던 거북이도, 자동차라곤 타본 적이 없던 참새 가족도, 길에서 차를 세웠던 판다곰도, 그리고 조금 게으른 달팽이도 걸음을 재촉하며 바닷가 모래사장을 향해 내달렸습니다. 그 뒤를 따라가다 말고 개구리 아줌마가 짐수레를 바라보았더니 그 안에는 이제 긴 의자 하나와 짐 가방 몇 개, 그리고 그동안 먹을 식량만 남아 있었습니다.
 개구리 아줌마는 혼자 중얼거렸습니다.
 "이제는 짐수레가 조금 비었네……. 하지만 이번 휴가는 얼마나 멋질까! 거북이하고는 물 위를 산책하고 저녁이 되면 참새들하고 노래를 할 거야……. 판다곰의 이야기를 들으면서 이 세상을 발견하게 될 거고…… 그리고 달팽이하고는…… 그래, 달팽이하고는 그저 천천히 느긋하게 시간을 보내는 거야."
 ―〈피서 가는 개구리〉(프랑스 동화)

 나는 절대 그렇지 않다고 생각하는데 넥타이를 고를 때보면 상당히 편향적이라는 사실이 입증된다. 어떤 것 하나가 마음에 들면 줄기차게 그것만을 매는 것이다. 그래서 심심찮게 넥타이를 선물하는 분들로부터 이런 말을 듣는다.

"넥타이가 너무도 단출한 것 같아서······."

그렇다고 해서 넥타이를 두 개씩 매고 다닐 수도 없는 일이 아닌가. 선택을 할 수밖에.

사실 인생은 선택이다.

아침에 일어날까 말까로부터 시작하여 잠자리에 드는 시간까지 하루 중 선택해야 하는 것이 수백에서 천을 넘어가는 사람도 있을 것이다.

아끼면서 자랑하고 싶은 넥타이가 두 개 있는 사람이 넥타이 두 개를 한꺼번에 매고 나갈 수가 없듯이 인생에 있어서도 둘 중 하나는 아깝지만 버려야 하는 것이다.

정말 우리 인생에는 두 갈래 길을 다 가지 못하는 안타까움이 있다. 그렇다고 마냥 망설이고 있을 수만은 없는 일. 우리한테는 각자에게 배당된 1백 년도 훨씬 못 미치는 짧은 햇수만이 있지 않은가 말이다.

다만 선택에 있어서 프로스트 시와 같은 '사람이 적게 간 길을 택하는' 지혜가 있어야 할 것이라고 나는 생각한다. 예부터 '보물'은 사람이 거의 없는 무인도 같은 곳에 있어 왔지 않은가.

그런데 이 동화는 선택에 있어 가장 기본적인 점을 확인케 해주고 있다. 곧 '물건'과 '친구' 중에서 친구를 택할 것을 말하고 있는 것이다.

고무보트를 내려놓고 거북이를, 기타를 내려놓고 참새네 가족을,

그리고 달팽이와 판다곰을 두꺼운 책과 바꾸어 싣고 바다를 향해 간 개구리 아줌마. 그들의 바다 여행은 얼마나 아름다운 것인가.
나는 선택이라는 주제를 가지고 이런 우화를 쓴 적이 있다.

뒤주 속에 사는 쌀바구미가 장가를 들고 싶어서 뒤주에서 나왔다.
쌀바구미가 여기저기 다니다가 창문턱에 이르러 보니 거기에 예쁜 나무 바구미가 있었다.
쌀바구미가 말을 붙였다.
"너 어디 사니?"
"저기 저 대추나무에 산다."
"나하고 결혼하지 않을래?"
"결혼하면 어디서 살 건데?"
"물론 내가 사는 뒤주 속이지. 아주 쌀 속에 묻혀 살게 돼."
나무 바구미는 고개를 설레설레 저었다.
"난 싫어. 날 따라서 대추나무에 가 산다면 모를까."
"거긴 추워서 어떻게 사니? 그리고 먹을 것도 고생해서 구해야 하잖아."
나무 바구미가 말했다.
"그럼 넌 편하게 먹기 위해서 사니? 푸른 하늘을 보며 여행을 다니는 행복을 모르니? 그리고 또 열심히 일해서 얻는 양식에 대한 기쁨을 모르냐구?"

쌀바구미가 투덜거렸다.

"답답한 바구미군. 왜 힘들게 여행을 다녀? 일해서 얻는 양식은 또 뭐야? 무진장 쌓여 있는 것을 그저 먹기만 하면 된다니까 그래."

나무 바구미는 대꾸도 없이 창을 넘어 사라졌다.

쌀바구미는 집 안으로 돌아왔다. 그러고는 옷장 속에 들러 좀한테 장가를 들었다.

그런데 그날 밤 집주인이 옷장에 약을 뿌려서 쌀바구미의 신방을 영안실로 만들고 말았다.

가슴속의 빛

중국에 아들, 딸 남매를 둔 황제가 살고 있었다. 황제는 하루하루 흰머리가 늘어가는데 황태자는 아내를 맞아 건강한 손자를 낳았지만, 공주는 아직 결혼하지 않고 있었다.

"너에게 좋은 짝을 지어 주어야 내가 편안히 눈을 감을 텐데……."

공주는 슬기롭고 아름다워서 문장으로 보나 미모로 보나 그 누구도 따를 만한 사람이 없었다.

황제가 공주에게 구혼할 빼어난 젊은이를 찾고 있다는 이야기는 먼 변방 외딴 마을까지 입에서 입으로 전해졌다. 나라 안의 젊은이들은 이 소식을 듣고 너도나도 황궁으로 몰려들었다. 안내를 맡은 대신은 젊은이들이 찾아오면 모두 넓은 방으로 불러들인 뒤 공주가 손수 내놓은 구혼의 조건을 알려 주었다.

"푸른 장미를 가진 사람만이 공주를 만나 볼 수 있다."

모여든 구혼자들은 저마다 놀란 눈으로 서로를 바라보다가 대개

오래지 않아 구혼을 포기하고 돌아서 버렸다. 마침내 세 명의 구혼자만이 남았다.

한 사람은 용감무쌍한 무사였다. 그는 푸른 장미를 찾기 위한 전쟁을 선포하고 1백 명의 말 탄 병사를 거느린 채 다섯 개의 강을 건너갔다. 그 나라를 다스리는 왕은 온 세상을 통틀어서 가장 가치 있는 보물을 가진 것으로 이름나 있었다.

"당신의 보물 가운데 푸른 장미를 내놓으시오. 만일 내놓지 않는다면 당장 이 나라를 전부 쑥대밭으로 만들어 버릴 테요."

무사가 왕을 거칠게 윽박지르며 말했다. 왕은 싸움이 일어나 백성들이 다치는 것을 싫어했다. 그래서 달갑지 않은 무지막지한 손님에게 장미 무늬가 곱게 새겨진 푸른 보석을 내주었다.

무사는 이 보석을 지니고 의기양양하여 황궁으로 되돌아왔다. 그가 문 앞에 이르러 푸른 장미를 가져왔노라고 외치자 곧바로 문이 열리고 안으로부터 황제의 부름이 들렸다. 황제의 오른쪽에는 공주가 단정히 앉아 있었다. 무사는 성큼성큼 걸어 들어가 공주에게 푸른 보석을 바쳤다.

"드디어 푸른 장미를 가진 영웅이 왔구나. 그래, 이만하면 되겠느냐?"

공주는 손바닥 위에 보석을 올리고 빛에 비추어 살펴보더니 바로 고개를 가로저었다.

"이것은 장미가 아니고 사파이어라는 보석입니다. 이런 물건이라면 세상에 얼마든지 있습니다."

공주는 무사에게 고개를 숙인 후 예의 바르게 그를 물리치고 돌아섰다.

또 한 사람은 돈 많은 상인이었다. 상인은 무사가 구혼에 실패하였다는 소식을 듣자 몹시 초조해졌다. 그는 더욱 커다란 돈 주머니를 앞세우고 다시 꽃 시장에 찾아갔다. 가자마자 꽃 파는 이의 덜미를 움켜쥐고 흔들며 푸른 장미를 찾아 달라고 소리쳤다.

"푸른 장미를 찾아 주기만 한다면 당신에게도 높은 자리를 마련해 주겠소. 푸른 장미만 있으면 나는 공주의 남편이 될 테니까……. 하지만 만약 구하지 못한다면 그때 당신의 목숨은 내 것인 줄 아시오."

"부디 사흘만 말미를 주십시오. 틀림없이 그 안에 구해다 놓겠습니다요. 나리."

꽃 파는 이는 푸른 장미가 세상에 있을 리 없다는 것을 너무나도 잘 알고 있었다. 가엾은 그는 사흘을 내리 속만 끙끙 앓다가 겨우 아내에게 사정을 털어놓았다.

그의 걱정거리를 들은 아내는 이름난 점쟁이를 찾아갔다. 점쟁이는 자초지종을 듣자 벽장 안에서 몇 가지 뿌연 액체를 꺼내더니 고루 휘저어 흰 장미의 줄기를 담갔다. 흰 장미는 감쪽같이 푸른 빛깔의 장미가 되었다. 돈 많은 상인은 이 푸른 장미를 받자마자 서둘러 황궁으로 달려갔다.

"이것이야말로 참으로 멋진 푸른 장미로구나. 어때, 이제 마음에 쏙 드느냐?"

황제는 상인의 장미를 받아 들고 감탄에 입을 다물지 못했다. 그러나 손에 들고 장미를 살피던 공주가 말했다.

"이 장미는 본래 흰색이었으나 사람의 손으로 푸르게 만든 것입니다. 새나 나비가 앉는다면 반드시 죽어 버릴 것입니다."

돈 많은 상인은 얼굴이 파랗게 질렸다. 그는 창피만 당하고 황궁에서 쫓겨나야 했다.

마지막 구혼자는 뛰어난 정치가였다. 그는 나라 안에서 손꼽히는 도자기공을 불러들여 이렇게 부탁하였다.

"세상에서 가장 뛰어난 자개 잔을 만들어 주기 바라오. 부드럽고 달콤한 빛깔이어야 하오. 그리고 잔이 다 만들어지거든 그 잔에 푸른 장미를 한 송이 그려 주시오."

장인은 석 달 동안 집 밖으로 한 발짝도 나오지 않았다. 드디어 백일이 되던 날 아침에야 비로소 장인의 집 대문이 열렸다. 장인은 지금까지 만들어진 어떤 잔보다 아름다운 자개 잔을 하나 들고 나와 정치가에게 갔다.

자개 잔을 받아 든 정치가는 입에 침이 마르도록 칭찬을 아끼지 않았다. 그리고 행여 더딜세라 마구간에서 가장 빠른 말을 골라 타고 황궁으로 달려갔다. 그는 이미 공주의 남편이라도 된 양 마음이 들떠 몇 번이나 말에서 굴러 떨어질 뻔하였다.

  황제는 여느 때처럼 딸을 불러 자개 잔을 보여 주며 뜻을 물었다. 공주는 자개 잔을 이모저모 살펴보더니 미소를 지었다. 그리고 자개 잔을 넓은 소매 안쪽에 간직했다.

  "고맙습니다. 이 잔은 지금까지 본 것 가운데 가장 뛰어난 작품이군요. 기꺼이 받아 두기로 하지요. 왜냐하면 이 잔은 언젠가 누군가가 가져올 푸른 장미를 꽂아 두기에 안성맞춤이기 때문입니다. 안녕히 돌아가십시오."

  그로부터 여러 날이 지났다. 더 이상 아무도 푸른 장미를 이야기하지 않았다. 그런데, 하루는 남루한 옷차림의 나그네 한 사람이 황궁이 바라다보이는 마을에 이르렀다.

  나그네는 지는 햇살이 아쉬워 걸음을 멈추고 화려한 담장 아래에 앉아 숨을 돌리기로 했다. 그 담장은 바로 황궁의 담장이었다. 어디에선가 개구리 우는 소리와 시냇물 흐르는 소리가 호젓하게 들려왔다. 나그네는 그 소리에 귀를 모으며 품속에서 비파를 꺼냈다. 그리고 머릿속을 스치는 가락을 읊었다.

    버드나무 아래 서서
    내리는 저녁노을을 바라본다
    내 마음속의 강을 건너오는 것은

미처 몰랐던 그리운 사람의 이름이구나

풀밭에서 한 마리 새가 날아올라
강을 건너며 난다
눈부신 은빛 물결 위에서 나는
한 번도 본 적이 없는
부드러운 푸른빛이 빛남을 본다.

그때 뒤쪽에서 쪽문이 열리는 소리가 났다. 그리고 우아한 여인이 모습을 드러냈다. 여인은 나그네를 운치 있는 히말라야삼나무 그늘로 이끌었다. 두 사람은 어느새 별빛으로 가득한 하늘 아래 앉아 마치 오래전부터 알고 지내던 사람들인 양 많은 이야기를 나누었다. 밤은 두 사람을 감싸고 부드러운 은빛 안개와 같이 흘러갔다.

"사실 저는 황제의 딸입니다. 그리고 저는 푸른 장미를 가져오는 사람 외에 누구도 저와 결혼할 수 없다는 조건을 내놓고 있답니다. 하지만 어떻게 되든 아침이 밝는 대로 아버지께 달려가 당신과 결혼하겠다고 말씀드리겠습니다."

나그네는 걱정 어린 공주의 어깨를 두드리며 따뜻한 웃음을 지었다.

"염려할 것 없어요. 아주 간단한 일이지요. 우리 푸른 장미를 찾읍시다."

아침 해가 떠오르자 나그네는 흰 장미 한 송이를 꺾어 들고 황제의 어전으로 갔다. 때 이른 방문객에 놀란 황제가 물었다.

"너는 대체 어디에서 온 누구냐?"

"저는 멀리서 온 나그네로, 시를 쓰는 사람입니다."

황제는 나그네의 손에 들린 흰 장미에 시선을 멈추었다.

"내 딸 때문이라면 그 아이는 푸른 장미를 들고 오는 이를 찾는데 네가 들고 온 것은 흰 장미가 아니냐?"

"저는 이것을 푸른 장미라고 생각하고 있습니다."

황제는 딸을 불러 말했다.

"저 시인 나그네가 흰 장미를 푸른 장미라고 하는구나. 사실인지 아닌지 네가 가름해 보아라."

공주는 아침 이슬에 젖은 흰 장미를 손에 받아 들자 망설이지 않고 답했다.

"이 장미야말로 제가 그토록 갖고 싶어 하던 푸른 장미입니다."

둘러서 있던 사람들은 모두 다투어 아니라고 말하고 나섰다. 누가 보아도 그 장미는 푸른빛이라고는 조금도 비치지 않는 흰색이었기 때문이다.

"저는 이 장미가 푸르다는 것을 잘 알고 있습니다."

공주는 주위를 둘러보며 한마디 덧붙였다.

"어쩌면 여기 있는 모든 사람들이 색맹인지도 모를 일입니다."

황제는 그 장미를 푸르다고 하기로 결정 내렸다. 공주의 말을 뒷받침해 주고 싶었을 뿐 아니라 딸의 행복이 아버지인 자신의 행복이라고 여겼기 때문이었다.

— 〈푸른 장미를 찾아라〉(중국 전래 동화)

공주가 찾고 있었던 '푸른 장미'란 멋을 말한다고 생각합니다. 그러니까 푸른 장미를 가지고 오는 남자란 자연히 '멋쟁이'이지요.

국어사전을 보면 '멋'이란 세련되고 풍채 있는 몸매, 혹은 말쑥하고 풍치 있는 맛이라고 되어 있지만, 이것은 어디까지나 외양과 느낌을 말한 것일 뿐 우리 동양 고유의 멋의 깊이에는 훨씬 미흡한 설명이라고 봅니다.

이은상 씨는 "해 가듯이 달 가듯이 얽매임이 없고, 꽃피듯이 잎 되듯이 꾸밈이 없고, 바람 불듯 물 흐르듯 막힘이 없고, 티끌 속에 있으면서도 티끌을 벗어나 천지 사이에 가득 차 있는 기운, 맑은 기운을 가슴에 안아 들여 자연 그대로 인간의 본연 그대로를 행동하고 생활하는 거기에 화랑들의 멋을 발견할 수 있다"고 했습니다. 곧 공주가 찾고 있는 '푸른 장미'란 이런 멋인 것입니다.

그렇기 때문에 이 멋을 돈으로 일시에 구하기란 힘이 듭니다. 무력으로 베어 내지는 것도 아닙니다. 권력으로 만들어지는 것도 아닙니다. 돈 많은 상인이 푸른 장미를 사오지만 그것은 가짜에 불과합니다. 무력을 지닌 용감무쌍한 무사가 푸른 장미라 생각하고 약탈해 온 것은 사파이어 보석일 뿐 공주가 찾고 있는 것은 아닙니다. 정치가가 장인을 통해 빚은 것 또한 진짜 푸른 장미가 아니고 잘 빚은 자개 잔일 뿐입니다.

그런데 황혼 속에 나타난 나그네. 그는 비록 형색은 초라하나 시가 있고, 음악을 지닌 풍류인이었습니다. 공주는 비로소 자기가 찾고 있던 '푸른 장미'를 만난 것입니다. 하얀 장미면 어떻고 붉은 장미면 어떻습니까. 멋을 지녔기에 그의 손에 들린 장미는 이미 '푸른' 빛깔인 것을.

눈먼 세상 사람들은 손에 들린 꽃의 색이 푸르지 않다고 우깁니다. 그러나 마음의 눈으로 일치한 두 사람은 이미 한 차원 높은 이치로 꽃을 안아 들입니다. 이것이 진정한 멋입니다.

아름다운 귀

밤바람이 향기로운 여름날 저녁이었어요. 하늘에는 별님 두엇을 거느린 달님이 방긋 웃고 있어요. 달빛 아래 언덕진 들판은 온통 푸르스름한 은빛 양탄자를 펼쳐 놓은 듯했어요. 고슴도치 한 마리가 산울타리를 따라 들길을 어슬렁어슬렁 걸어 나왔어요. 즐거운 듯 콧노래를 읊조리고 있군요.

달님 등불에
별님 촛불
밤마다 머나먼 길
떠도는 나.

가냘프게 울리는 나지막한 노랫소리에 자박자박 떼어 놓는 발걸음 소리가 박자를 맞추었어요. 시원한 밤바람이 등에 돋친 가시를 스쳐

지나갔습니다.

숲에서는 나이팅게일이 어지럽게 지저귀고 있었지만 고슴도치는 거들떠보지도 않았어요. 줄곧 자기 노래만 흥얼대고 있었지요. 아무에게도 들리지 않을 만큼 작고 아련한 노랫소리였어요.

이끼 양탄자에
햇님 난로
지붕에 산울타리라네.
그곳이 나의 보금자리.

고슴도치는 계속 노래를 부르며 풀숲에 난 좁은 길을 따라 걸었어요. 제법 눈에 익은 부근에는 찻길이 길게 뻗어 있었어요. 런던까지 이어지는 넓은 길이었지요. 버스와 트럭이 달려오자, 산울타리가 환하게 드러났습니다. 몸집이 큰 버스와 트럭은 마치 금빛으로 빛나는 왕방울 눈이 달린 괴물처럼 앞에 있는 건 무엇이든 잡아먹으려고 덤비는 것 같았습니다. 쌩쌩 소리를 내며 쏜살같이 달려가는 그 빠르기는 또 어쩌구요. 아무도 당해 낼 수 없을 거예요.

하지만 울퉁불퉁한 좁다란 길이나 풀밭에 난 가느다란 길로 가면 설마 그 괴물들이 거기까진 들어오지 못할 거예요. 귀여운 하얀 꽃이 축축 늘어진 조팝나무 밑이나 우아한 버들난초가 무성하게 자란 곳만 찾아 걸으면 되지요. 저 괴물 녀석들은 풀잎 살랑거리는 소리도 듣지 못하고, 하얀 나비들이 떼지어 모여드는 꽃향기도 맡지 못할 거야. 고슴도치는 근처의 풀이랑 꽃이랑 나무 향기를 예민하게 구별해서 맡으며 신나게 앞으로 나아갔어요. 드디어 작은 들이 있는 곳에 이르렀어요. 산토끼 자크 할아범이 문에 기대서 있었어요.

"여어, 자크 영감. 요즘 어때?"

고슴도치가 붙임성 있게 말을 건넸습니다.

"그저 그래."

산토끼는 물고 있던 볏짚을 뱉으며 고슴도치 쪽으로 몸을 돌렸어요.

"자네는?"

"보시다시피 팔팔하지. 참 좋은 밤이구먼."

"정말일세. 그런데 어디 가던 참인가?"

"저기 보리밭에. 보리 자라는 걸 보고 싶어서……. 그건 언제 보아도 좋아. 보리는 달밤에 조금씩 큰단 말야. 그렇게 멋진 곳은 좀처럼 찾기 힘들지."

"나도 따라가지."

"오늘 밤은 달이 참 밝구먼. 하늘에 등불이 켜진 것 같아."

나란히 걸어가며 고슴도치가 말했습니다.

다리가 긴 산토끼는 작은 고슴도치와 발걸음을 맞추려고 천천히 걸음을 떼어 놓았어요.

"저 달을 좀 보아. 노란 등불 같은 하늘의 달을 보면 마음이 놓여. 반짝하는 농장지기들의 회전등이나 번뜩이는 자동차 불빛처럼 무섭게 비추지도 않고 말이야."

"하늘에서 이렇게 훌륭한 등불로 온 세상을 비춰 주건만 따로 등불을 켜고 다니니 정말 모를 일이야. 사람들이 하는 일이란 이해할 수 없는 구석이 많단 말이야."

"정말이야."

고슴도치는 거듭 그렇다는 듯이 고개를 끄덕였어요. 그리고 등에 붙은 가시바늘을 부스럭거리며 들릴 듯 말 듯한 목소리로 노래하기 시작했어요.

 달님 등불에
 별님 촛불
 밤마다 머나먼 길
 떠도는 나.

고슴도치와 산토끼는 작은 시내를 건넜어요. 산토끼는 껑충 하고 단번에, 고슴도치는 아장아장 얕은 곳을 찾아 돌이랑 잔가지를 딛고, 물가에서 족제비 한 마리가 검은 물살에 발을 담그고 있어요.

"여어, 안녕! 요즘 어때!"

고슴도치가 친근하게 말했어요.

"별 탈 없이 지낸다네."

족제비가 대답했어요.

"자네들 어디 가는 길인가. 괜찮으면 우리 집에서 쉬었다 가게나. 내 묘기를 좀 보게. 내 털의 잔물결을 앞자락 끝부터 차례차례 일어나게 해서 마치 제비처럼 보이잖아?"

"우린 보리가 자라는 걸 보러 가는 길이야."

고슴도치의 말에 산토끼 자크 할아범도 거들었어요.

"보리 이삭 패는 것 말일세."

"그것 참 좋은 구경거리겠군. 가서 볼 만하겠네."

족제비도 마음이 내켰어요.

"보리 이삭이 패면서 바람에 흔들리는 것을 보면 가슴이 다 후련해질 거야. 같이 가세. 아침부터 오리 부부와 개구리네 아이 녀석밖에 만나지 못했다네. 좀 좋은 걸 구경하고 싶군."

고슴도치와 산토끼와 족제비는 함께 걸었습니다. 코가 뾰족한 고슴도치는 눈을 반짝반짝 빛내며 콧노래를 흥얼거리고, 커다란 갈색 눈동자를 가진 산토끼는 사방을 두루두루 살피며, 부드럽고 아름다운 털을 가진 족제비는 자그마한 주먹코를 내밀고 걸었어요. 은은한 달빛을 받으며 걷는 세 동무들 옆에서 까만 그림자 셋도 나란히 따라가고 있었어요.

나지막한 언덕에 이르러 세 동무는 걸음을 멈추었어요. 달빛에 빛나는 넓은 보리밭이 황홀하게 펼쳐져 있었어요. 고요한 밤의 숨결을 타고 수많은 보리 이삭들이 살랑살랑 움직이는 소리가 음악처럼 전해져 왔어요.

드넓은 보리밭을 지키는 파수꾼처럼, 달님이 하늘에서 지켜보고 있었어요. 큰곰자리 별들이 반짝반짝 빛을 내며 세 동무들에게 눈길을 보냈어요.

"들려? 보리가 무언가 말하고 있는 것이?"

고슴도치가 속삭였어요.

"보리에도 생명이 있는 걸까?"

족제비가 물었어요.

"들리지 않아? 그리고 보이잖아. 숨 쉬고 있는 게. 보리들이 크게 숨 쉬느라 들숨 날숨 하잖아."

산토끼 자크 할아범이 말했어요.

"보리밭 구경은 굉장하구나."

"시냇물과 같아. 우리 집 작은 시냇물처럼 잔물결이 일렁이며 소곤거리고 있네."

족제비의 감탄이었어요.

온 밭 가득하니 키 큰 보리들이 넘실대고 있었습니다. 밤바람에 일렁이는 보리들은 속삭이고 있는 듯했어요. 보리 이삭 스치는 소리가 마치 멀리서 들려오는 바다 물결 소리 같았어요. 수많은 보리 이삭들이 몸 비비며 정답게 소곤거리는 소리를 들으면서 고슴도치가 말했어요.

"보리 일렁이는 걸 바라보며 속삭이는 소리만 들어도 이렇게 좋은데."

"정말 이 소리만 듣고 있어도 마음이 착 가라앉는구먼."

자크 할아범이 대꾸했습니다.

"하지만 이삭들이 무어라고 속삭이는지 잘 모르겠는걸. 어쩐지 서툴게 말하고 있는 듯해. 저어, 무슨 말들을 하고 있는 거지?"

"글쎄, 잘은 몰라도……."

고슴도치는 우물거리며 고개를 갸웃했어요. 그리고 이삭들의 소리에 귀 기울이면서 말했어요.

"뭐랄까. 나에겐 노랫소리처럼 들려. 이봐, 자네도 그런 생각으로 들어 보게나."

고슴도치는 조그만 손을 귀에 대고 귀 기울였어요. 그러자 수많은 이삭들이 산들거리며 노래하는 소리가 들려왔어요.

    우리들은 무럭무럭무럭
    맛있는 빵이 되기 위해
    땅의 은총을 받으며

쑥쑥쑥 자란다네.
우리들은 보리라네.
여문 이삭으로 자란 우리
모두들 즐겁게 먹겠지.

"음, 이제 알겠네. 이렇게 노래하고 있구먼. 보리는 자라고 익어서 거두어들일 때를 기다린다고. 보리는 자라고 있구나. 우리들처럼."
고슴도치가 말했어요. 세 친구들은 앉은 자리에서 일어나 이제 그만 돌아가기로 했어요.
"안녕, 잘 자."
"자, 이제 헤어지는 거예요."
"멋진 구경이었네. 잊을 수 없을 거야. 보리를 거두어들이기 전에 다 같이 한 번 더 와보세. 자, 잘들 자게나."
고슴도치는 산울타리 아래 보금자리를 향해 종종걸음 치고, 산토끼 자크 할아범은 작은 문이 있는 그의 보금자리로 돌아갔어요. 조그만 족제비는 오래도록 작은 시냇가 둑에 걸터앉아 물소리에 귀 기울이며 보리들의 속삭임을 생각하고 있었어요.
— 〈아름다운 별〉(일본 동화)

봄을 찾으러 산과 들을 헤매다가 찾지 못하고 집으로 돌아오니 울타리의 매화나무에 꽃이 벙글어 있더라는 옛시가 있다.

우리가 찾는 살기 좋은 곳, 아름다운 세상도 어느 은밀한 곳에 숨겨져 있지 않다고 나는 생각한다. 있는 자리에서 돌아봐도 나타나리라 믿는다. 자기 집 울타리의 매화처럼.

나는 간혹 '당신은 별나다'라는 말을 듣는다. 너무 현실 같지 않은 아름다운 이야기를 쓴다는 것이다. 그럴 때면 나는 단호히 우리 이웃 가운데서 있을 수 있는 이야기라고 항변한다. 우리가 찾지 않아서 아름다움이 나타나지 않았을 뿐이라며.

1980년대 초, 서울 난지도가 쓰레기 산으로 높아져 가고 있었을 때의 일이다. 신문과 방송에서 그곳의 문제점을 찾아 파헤치고 있을 때 나도 거기에 갔었다. 그야말로 쓰레기 천지인 그곳에서 동행한 사진작가가 이런 말을 했다.

"여기 사람들은 땅에 떨어진 것 외에는 절대 가져가지 않아요. 내가 오토바이를 타고 와서 헬멧을 벗어 놓고 갔는데 한 번도 잃은 적이 없지요. 잘산다는 압구정동에서는 세 번이나 잃었는데 말이지요."

세상사가 새롭게 느껴지는 말이 아닐 수 없었다.

그런데 그곳을 한 바퀴 돌고 나서 쓰레기에 지친 나는 동행인에게 좀 엉뚱한 질문을 했다.

"여기에 꽃밭은 없느냐"고. 그러자 그 사람은 의외로 "있지요, 구경하실래요?" 하며 나를 안내했다.

세상에 쓰레기 천지인 난지도에도 꽃밭이 있었다. 그것도 2천여 평이나 되는 꽃밭이었다. 그러니까 그 시절 봄이 되면 서울 길거리에 나앉아 있던 팬지 꽃들은 난지도에서 쓰레기 거름으로 키워진 것들이었던 것이다. 곧, 찾는 사람에게는 쓰레기 산에서도 꽃이 있을 수 있다는 증거인 셈이다.

현대인들은 이 동화가 말하듯 '풀잎 살랑거리는 소리도 듣지 못하고, 하얀 나비들이 떼지어 모여드는 꽃향기도 맡지 못한' 채 각종 괴물(차 등을 비롯한 기계)들에 둘러싸여 살아가고 있는 것이다.

나는 이 동화를 빌려서 다시 한 번 귀띔하고자 한다.

'이 세상보다 더 아름다운 별 있으면 나와 보라'고.

고슴도치가 구경하러 간 보리밭 풍경이 뭐가 대단하냐고? 문제는 바로 당신의 그 인플레 된 마음에 있다. 별것 아닌 것에도 느낌표가 심어지면 우뚝우뚝 선다. 느낌표가 감탄사로 자랄 때 우리에게 행복이 찾아온다고 믿는다.

양식과 황금

어느 무더운 주일 아침, 좋으신 하느님께서는 즐거운 시간을 보내기 위해 들판으로 산책을 나가셨습니다.

그때 마귀가 흙 구멍에서 살살 기어 나와 하느님과 함께 걸었습니다. 마귀는 벼룩이 꼬리를 물기라도 한 듯 긁적거리며 말했습니다.

"이 보잘것없는 세상이 당신의 땅입니다. 눈부신 태양이 금빛으로 빛나고 있지만, 그래 봐야 무슨 소용이 있습니까? 내가 주인이라면 달리하겠습니다. 그러면 사람들은 나와 함께 훨씬 더 행복해할 것입니다."

하느님께서 말씀하셨습니다.

"여보게, 사랑하는 친구, 자네는 아주 좋은 생각을 가졌군. 우리 한 번 사람들에게 어떤 태양을 원하는지 물어봄세. 나의 살아 있는 태양을 원하는지, 아니면 자네의 금으로 된 태양을 원하는지 말일세."

"사람들이 내 쪽을 택한다면 내가 이 세상의 하느님이 되겠습니다."

마귀가 말했습니다. 사랑의 하느님은 아무 대꾸도 않으시고 마귀가 하자는 대로 하셨습니다.
하느님과 마귀는 사람들에게 가서 살아 있는 태양과 금으로 된 태양 중 어떤 것을 원하는지 물어보았습니다. 사람들은 동시에 소리 질렀습니다.
"금으로 된 것요, 금으로 된 것!"
하느님은 너무나 놀라신 나머지 황급히 그 자리를 피하셨습니다.
마귀는 지체하지 않고 아름답고 큰 순금 태양이 떠오르게 했습니다. 금 태양은 무척 번쩍거렸고 사람들은 좋아서 어쩔 줄을 몰라 했습니다. 사람들은 마귀를 찬양하였습니다. 그러나 보십시오. 땅은 점점 어두워지고 추워지기 시작했습니다. 풀과 나무와 동물, 그 뒤를 이어 사람들은 얼어 죽기 시작했습니다. 그러자 순진한 어린이들이 하느님께로 급히 달려갔습니다.
"사랑이신 하느님, 살려 주세요. 춥고 배고파서 우리들이 죽어요."
하느님께서 다시 당신의 빛을 세상에 비추었습니다. 세상에는 다시 풀과 나무들이 살아나고 꽃들이 피어나고 온갖 짐승들이 뛰어놀았습니다. 사람들 또한 일하며 살았구요. 하느님께서는 다시 평화롭게 들판을 거닐고 계셨습니다. 그런데 마귀가 또 흙 구멍에서 기어나와 하느님께 말을 걸었습니다.
"이 보잘것없는 세상이 당신의 땅입니다. 잘 익은 곡식이 황금빛으로 빛나고 있지만 그래 봐야 무슨 소용이 있습니까? 내가 주인이라면 달리하겠습니다. 그러면 사람들은 나와 함께 더 행복해할 것입니다."

하느님께서 말씀하셨습니다.

"여보게, 사랑하는 친구, 자넨 좋은 생각을 가졌군. 우리 한번 사람들에게 물어봄세. 나의 맛있는 곡식과 자네의 금으로 된 곡식 중 어느 것을 더 원하는지."

"그들이 내 쪽을 택한다면 내가 이 세상의 하느님이 되겠습니다."

마귀가 말했습니다.

하느님과 마귀는 사람들에게 가서 맛있는 곡식과 금으로 된 곡식 중 어느 것을 원하는지 물어보았습니다. 사람들이 합창하듯 외쳤습니다

"금으로 된 것요, 금으로 된 것!"

"맛만으로 무엇 하겠습니까! 금으로 된 것을 가집시다. 그러면 다른 것도 모두 가질 수 있을 테니까요."

마귀는 굵고 튼튼한 금 곡식이 자라나게 했습니다. 농부들이 이삭을 하나 비비면 번쩍이는 금으로 된 낟알들이 우수수 땅에 떨어졌습니다. 가을이 되자 그들은 금붙이를 자루마다 가득가득 채우게 되었습니다. 하지만 쌀과 잡곡, 무나 배추 등 먹을 것은 없었습니다. 그러자 도저히 배가 고파 견딜 수 없게 되었습니다. 그들이 가진 금 덩어리는 배고픔을 해결하는 데 아무런 도움이 되지 못했습니다. 그들은

금보다도 먹을 수 있는 채소나 곡식이 더 중요하다는 것을 알았습니다. 그들은 그제야 깨닫게 되었습니다. 순진한 어린이들과 함께 하느님께로 달려가 겸손하게 간청했습니다.

"우리들의 참 하느님, 살려 주세요. 금붙이는 모두 땅속 깊이깊이 묻어 버리겠습니다. 우리에게 예전의 곡식과 채소를 주십시오."

세상은 다시 처음의 모습으로 돌아갔습니다.

마귀는 다시 나타나지 못하였습니다. 농부들이 몽둥이와 빗자루로 멀리 쫓아 버렸기 때문입니다.

— 알빈 플링거, 〈태양과 곡식과 금〉

우리 속담에 이런 것이 있다.

'돈 나오는 모퉁이에서 저승사자도 나온다.'

현대인들은 돈 되는 것이라면 못하는 것이 없다. 사기, 모함, 폭력, 마약, 심지어 자식이 부모를 살해하는가 하면 부모가 자식을 엽기하기까지 한다. 그러니 돈 나오는 모퉁이에서 어떠하겠는가. 사람들은 밟고 밟히면서 아우성을 칠 것이다.

그러나 분명한 것은 여기에서 죽음도 나온다는 사실이다. 서로 더 차지하기 위하여 목숨까지도 걸고서, 그리하여 끝내는 황금에 생명이 함몰되는 것을 오늘도 우리는 겪고 있다.

미국의 《위클리 월드 뉴스 Weekly World News》지에 이런 기사가 사진과 함께 실린 적이 있다.

비운의 남자는 헤르난도 디세라(36세), 여자는 프란체스카 모우라(26세). 그저 평범한 부부인 이들은 식당의 웨이터로, 미용사로 일하며 조용히 살아가는 사람들이었다.

그런데 이들에게 어느 날 꿈같은 현실이 전개되었다. 곧 남자가 우연히 산 복권이 당첨된 것이었다. 이를 확인한 헤르난도는 큰 소리로 아내 프란체스카를 불러 끌어안고 환호했다.

남자는 이 기쁜 소식을 어머니한테도 알려야겠다고 생각하여 아파트 건물 1층에 있는 전화기로 달려가 실컷 떠들고 돌아와 보니 그 복권이 온데간데없이 사라졌다. 집 안을 발칵 뒤집었지만 나타나지 않은 복권. 순간 헤르난도는 아내 프란체스카가 혼자 차지하려고 복권을 숨겼다고 생각했다.

이성을 잃은 남편은 권총을 꺼내 아내를 위협하다가 방아쇠를 당기고 말았다. 그러고는 경찰서에 전화를 걸어 자수했다. 경찰을 기다리며 옷을 바꿔 입으려던 남편은 자신의 셔츠 주머니 속에서 나타나는 복권을 보고 아연해질 수밖에 없었다. 그야말로 돈 나오는 모퉁이에서 저승사자가 나온 것이다.

앞의 동화는 황금을 선택하는 우매한 인간들의 비극을 경고하고 있다. 태양이 생명의 빛을 내리므로 인간이 살 수 있는 것이다. 황금 태양에는 생명의 빛이 있을 리 없다.

과실나무와 농작물에 과실이 아닌, 그리고 우리들의 양식이 아닌 황금이 열릴 때 인류의 생명은 사라지는 것이다. 만지는 것마다 황금이 되게 해달라던 사람이 소원대로 이루어졌을 때, 밥도 물도 황금이 되어 굶어 죽을 수밖에 없었던 것처럼.

이제 우리의 삶에 있어서의 선택도 생명이냐, 소유냐로 갈릴 때가 되었다. 물론 깨달은 이는 '생명'을 선택하겠지만 많은 사람들은 아직도 '소유'에 미쳐 지내고 있음을 보고 있지 않은가.

진짜가 되는 아픔

우단으로 만든 토끼가 하나 있었습니다. 처음 아이가 크리스마스 선물로 받았을 때는 진짜 토끼처럼 통통하고 복슬복슬하였습니다. 실로 된 수염도 나 있었고 귀에는 분홍 공단으로 안이 대어져 있었습니다.

크리스마스 날 아침, 성탄 나뭇가지를 두 발에 꼭 끼고 아이의 선물 주머니 맨 위에 들어앉아 있는 모습은 정말 깜찍스러웠습니다. 그래서 아이는 두 시간이나 이 토끼하고만 놀았습니다.

그런데 점심때 아주머니들이 오시고 선물 꾸러미가 자꾸 들어오자 그만 신이 나서 토끼를 까맣게 잊어버리고 말았습니다.

그는 원래 좀 수줍어하는 편이었습니다. 그런데 값이 비싼 신식 장난감들이 토끼가 우단으로 만들어졌다고 아주 업신여겼습니다. 그러나 토끼는 참았습니다. 아니, 자신이 보잘것없는 존재라고 생각해 버렸습니다.

그를 따뜻하게 대해 준 친구라고는 가죽 말 하나뿐이었습니다. 가죽 말은 많이 늙어 있었습니다. 누런 털은 닳아 없어져 이은 곳이 다 드러났고, 꼬리의 털도 구슬 목걸이에 펜다고들 자꾸 뽑아 가 이제 얼마 남아 있지 않았습니다.

늙은 가죽 말은 어느 누구보다도 아이의 방에서 오래 살았습니다. 그래서 알고 있는 것이 많았습니다. 기계로 된 장난감들이 아무리 허풍을 떨어도 머잖아 건전지가 닳아지고 태엽이 망가져 못쓰게 되면 누구보다도 일찍 쓰레기통 속에 버려진다는 것조차도 알고 있었습니다.

하루는 토끼가 가죽 말에게 물었습니다.

"진짜가 뭐야? 속에서 윙 하는 소리가 나고 저 혼자서 걸어다니다가 넘어지는 것이 진짜야?"

"아니야."

가죽 말은 고개를 흔들었습니다.

"진짜라는 건 어떻게 생겼느냐에 달린 게 아니야. 그리고 태엽이나 건전지 힘으로 걸어다니는 것이라고 해서 진짜인 건 아니야."

"그럼 뭐가 진짜야?"

"너한테 어떤 놀라운 일이 일어나면, 그러니까 아이가 너를 오래오래 사랑해 주면 그냥 놀기 위해서가 아니라 정말로 너를 사랑하면 그러면 진짜가 되는 거야."

"진짜가 되기 위해서는 아프기도 해?"

"어떤 때는 그렇지. 하지만 아파도 괜찮아."

"그것이 스위치를 누르는 것처럼 단번에 되는 거야? 아니면 조금씩 조금씩 되는 거야?"

"단번에 되는 게 아니지. 진짜는 시간이 오래 걸리는 거야. 그러기에 쉽게 망가지는 이, 뾰족하게 모가 난 이들, 그리고 살살 다루어야 하는 이들에게는 좀처럼 일어나지 않는 거야."

"그럼 넌 진짜니?"

토끼는 한숨을 쉬었습니다. 진짜라는 기적이 과연 자기에게도 일어날까? 그도 진짜가 되고 싶은 마음이 간절했습니다.

어느 날이었습니다. 아이가 늘 데리고 자던 털 강아지가 없어지자 일하는 아주머니가 토끼의 한쪽 귀를 잡아 던져 주었습니다.

"옛다!"

이 토끼를 아이하고 같이 있게 했습니다. 처음에는 아이가 깔고 자기도 해서 숨이 막혔습니다. 그러나 차차 길들여지면서 견딜 만하였습니다. 아이는 때로 토끼한테 이불로 굴을 만들어 주기도 하였습니다.

세월이 흘렀고 토끼는 행복하기만 하였습니다. 어찌나 행복했던지 그 곱던 우단 털이 점점 초라해지고 분홍 코는 아이가 너무도 뽀뽀를 해서 색이 다 바래어지는 것도 모를 지경이었습니다.

하루는 아이가 자기 전에 토끼를 찾아, 일하는 아주머니가 투덜거리며 말했습니다.

"넌, 그래, 이 토끼가 꼭 있어야겠니? 하찮은 장난감을 가지고 이 야단을 하다니, 원."

그러자 아이가 벌떡 일어나며 말했습니다.

"이 토낀 장난감이 아니야. 진짜란 말이야."

이 말을 들은 토끼는 그날 밤 너무도 행복해서 잠을 이룰 수가 없었습니다. 드디어 아이 방에 기적이 일어난 것입니다. 이제 그는 장난감이 아니라 진짜인 것입니다. 아이가 그렇게 말했으니까요.

밖에 비바람이 몹시 치던 날이었습니다. 아이는 그날 밤부터 병을 앓았습니다. 얼굴이 빨개졌고 잠꼬대를 했습니다. 온 집안사람들이 아이 방을 드나들었고 밤새도록 등불이 켜져 있었습니다.

아침이 되자 하얀 옷을 입고 검정 가방을 든 의사 선생님이 찾아왔습니다. 의사 선생님은 아이의 엉덩이에 주사를 주고 돌아가면서 일하는 아주머니한테 아이의 방에 있는 오래된 장난감들을 모두 불태워 버리라고 말하였습니다.

토끼는 당장 낡은 그림책들과 함께 쓰레기통으로 쫓겨났습니다. 내일이면 청소부 아저씨가 와서 모두 불태워 버릴 테지…….

토끼는 지난날 행복했던 일들을 돌이켜 보았습니다.

정말 즐거웠어. 하지만 모든 일이 이렇게 끝나고 만다면 사랑을 받아서 진짜가 된다는 것이 무슨 소용이 있담…….

그러자 눈물이, 진짜 눈물이 작고 꾀죄죄한 우단 코 밑으로 흘러서 땅에 떨어졌습니다.

바로 그때 이상한 일이 일어났습니다. 눈물이 떨어진 자리에서 꽃이 하나 돋아난 것입니다.

그 꽃은 뜰에서 자라난 꽃들하고는 전혀 다른 신비스러운 꽃이었습니다. 비취색의 가느다란 잎이 달렸고 잎 한가운데서 황금색 잔 같은 꽃이 피어났습니다. 그러더니 꽃 속에서 요정이 걸어 나왔습니다.

요정은 토끼를 안아 주었습니다. 그러고는 울어서 흠뻑 젖은 토끼의 우단 코에 입을 맞추며 말하였습니다.

"작은 토끼야, 내가 너를 진짜가 되게 해줄게."

"그럼 난 아직까지 진짜가 아니었단 말인가요?"

"그 아이에게는 진짜였지. 그 애는 널 사랑했으니까. 그러나 이제부턴 그 아이한테 뿐만이 아니라 너 스스로도 진짜가 되는 것이야."

요정은 작은 토끼를 안고 숲으로 날아갔습니다.

가을이 지나고 겨울이 왔습니다. 그리고 봄이 되어 날씨가 풀리고 햇볕이 따뜻해지자 아이는 집 뒤에 있는 숲으로 놀러 나갔습니다.

소년이 나무 사이를 뛰어다니면서 놀고 있을 때, 토끼 두 마리가 칡넝쿨 사이로 기어 나와 소년을 살짝 엿보고 있었습니다.

그중 한 토끼의 몸은 낡은 우단으로 된 것처럼 털이 짧았습니다. 그리고 듬성듬성 빠진 털 사이로 이상한 자국도 있었습니다.

아이는 그 토끼의 작고 보드라워 보이는 코와 검고 둥근 눈이 어디서 많이 본 듯해서 속으로 중얼거렸습니다.

"아니, 저건 내가 아팠을 때 잃어버린 그 토끼처럼 생겼잖아!"

아이는 자기의 사랑으로 진짜가 된 바로 그 작은 토끼가 그를 보러 나온 것을 끝내 알아차리지 못하였습니다.

— 마저리 윌리엄스, 〈생 토끼가 되는 날〉

이 동화의 주제는 물론 우정이다. 우단으로 만들어진 가짜 토끼가 어떻게 진짜 살아 있는 토끼가 되는가 하는 과정을 수선스럽지 않고, 그러나 재미있게 엮어 보여 주고 있다.

어른들이 생각하기에는 하잘것없는, 어쩌면 아이가 하도 가지고 놀았기 때문에 세균이 득실거릴 것으로 보여서 불태워 버리라고까지 하는 장난감 토끼. 그러나 그 장난감 토끼가 진짜 토끼가 된다. 그의 소원대로.

가짜가 진짜가 되는 신비의 약은 물론 사랑이다. 여기서는 가죽 말이 말하고 있다.

"진짜라는 건 어떻게 생겼느냐가 아니고, 태엽이나 건전지 힘으로 걸어다니는 것도 아니고 놀라운 일이 일어나면"이라고.

어떤 신비가의 글에 이런 대목이 나온다.

현대의 인간들은 모두 잠들어 있다고. 밥 먹으며 잠자고 있고, 일하며 잠자고 있고, 차 타며 잠자고 있고. 만나며 잠자고 있고, 떠나며 잠자고 있다고…….

이 말은 깨치지 않고 사는 현대인들, 그러니까 삶 자체를 습관대로 사는 것을 비꼰 것이지만 이를 이 동화에 대입해 본다면 이렇게도 말할 수 있으리라 본다.

'사람이라고 해서 다 사람은 아니다. 눈, 코, 입, 귀 달린 동그란 얼굴을 지니고 말을 한다고 해서, 그리고 밥을 먹은 힘으로 걸어다닌다고 해서 사람이 아니라, 사랑으로 깨어나야 비로소 사람이라 할 수 있다.'

이렇게 본다면 현대는 가짜들의 세상이다. 그런데 문제는 가짜들이 진짜가 되고 싶은 열망도 노력도 없다는 데 있는 것이 아닐까 생각한다. 어떻게 생각하면 이 세상은 가짜로 살기가 더 편하다고 할 수가 있다. 잠자는 듯이 습관대로 움직이면 되는 것이니까.

그렇기 때문에 진짜조차도 가짜로 변해서 사는 현대가 아닌가 하는 우려를 씻을 수 없다. 사실 가짜가 진짜로 되기 위해서는 슬프기도 하고, 아프기도 하고, 인내하여야 하고, 핍박받아야 하기도 하는데 반해 진짜가 가짜 되는 데는 얼마나 화려한 유혹이 있는가? 불의에 눈 감고, 즐기면 되는 것 아닌가?

그러나 진짜가 되는 날에는 여기 이 토끼처럼 갇힌 공간이 아닌 열린 세상에서 빛과 산소와 생명으로 사는 것이다.

세상에 넘치는 향기

 가난한 농부의 어린 딸이 앓아누워 있었습니다. 그래서 천국에 계시는 하느님께서는 한 천사를 불러, 땅 위로 내려가 그 어린 소녀를 춤으로 위로하여 주라고 명령하셨습니다. 그런데 천사는 인간 앞에서 춤을 춘다는 것은 천하고 망신스러운 일이라 생각했습니다.
 하느님께서는 그 교만한 천사에게 벌을 내리셨습니다. 천사는 인간 세계로 쫓겨나 어느 임금님의 딸로 태어났습니다. 그리하여 전생에 관한 일이랑 천국에서의 자기 이름까지도 깡그리 잊고 말았습니다.
 그 천사는 천국에선 매우 정갈하고도 향기로운 이름으로 불리고 있었지만, 땅 위에 사는 사람들은 그런 식의 이름을 알지도 못했습니다. 따라서 공주로 태어난 그 천사는 그저 평범한 인간의 이름으로 불렸을 뿐입니다. 마거릿이라는 이름이었습니다.
 어느 날 공주는 아버지 임금님에게 여쭈어 보았습니다.
 "저희들은 왜 햇볕을 들을 수 없는지 모르겠어요."

임금님은 그 말을 듣고 빙긋이 웃으셨지만 대답은 하지 못하셨습니다. 그러자 공주는 대단히 슬픈 얼굴을 보였습니다.

어느 날 공주는 왕비님께 여쭈어 보았습니다.

"어머님, 장미는 참 향기롭지요? 그런데 저희들에겐 왜 이 향기가 보이지 않는지 모르겠어요."

왕비님이 이 묘한 질문을 듣고 빙그레 웃으시기만 하자, 공주는 대단히 슬픈 얼굴을 지어 보였습니다.

그 후 공주는 유모에게 물었습니다.

"이름에서는 왜 향기가 안 날까?"

유모도 웃었습니다. 자기가 품는 의문에 아무도 대답해 주지 않는 것을 보고 공주는 정말 답답하였습니다.

공주는 말수가 적고 혼자 있기를 좋아했습니다. 어쩌다 사람을 대하면 엉뚱한 질문만 했습니다. 게다가 앙상하고 파리한 모습을 하고 있었기 때문에 아름답다고 느끼는 사람은 아무도 없었습니다. 그래도 시집갈 나이쯤 되자 여러 왕자들이 공주한테 장가들려고 궁전으로 몰려왔습니다. 그러나 공주가 이야기하는 것을 듣고는 그만 아무도 장가들려 하지 않았습니다.

맨 마지막으로 막시밀리안이라는 왕자가 찾아왔습니다. 공주는 그 왕자를 만나자마자 이렇게 말했습니다.

"저는 향기로운 이름을 가질 수 있었으면 해요."

"하긴, 마거릿이란 이름은 공주님께 별로 어울리지 않는 이름이군요. 공주님께서는 그 누구보다도 향기로운 이름을 가지심직 하지만, 이 세상에선 그런 이름은 찾기가 아주 어려울 텐데요."

그 말을 듣자 공주는 눈물을 흘렸습니다. 막시밀리안은 우는 공주를 매우 불쌍하게 여긴 나머지 이 세상 누구보다도 공주를 사랑하게 되었습니다. 그는 공주를 달래며 말하였습니다.

"울지 마십시오, 공주님. 그런 이름이 있나 없나 제가 샅샅이 찾아보겠어요. 그리고 돌아와서 보고드리겠어요. 그럼 그땐 공주님께서 제 아내가 되어 주시겠습니까?"

그렇게 하겠다고 공주는 수줍은 듯이 대답했습니다.

그래서 막시밀리안은 온 세계를 샅샅이 누비고 다녔습니다. 부르기만 하면 향기가 진동하는 그런 이름을 찾아 왕자는 부자도 만나 보고 가난한 사람도 만나 보았습니다.

그러나 모두가 왕자를 비웃으며 어리석은 심부름을 하고 다닌다고 손가락질했습니다. 그래서 긴긴 여행을 치른 끝에 왕자는 궁전이 있는 동네로 힘없이 되돌아왔습니다.

동네 어귀엔 농부의 집이 한 채 있었습니다. 마침 그 문 앞에 백발이 성성한 할아버지가 서 있는 것이 눈에 띄었습니다. 막시밀리안은 그 할아버지를 보자마자 가슴이 설레었습니다. 그 할아버지께서는 뭔가 잘 알고 계실 것만 같이 여겨졌기 때문입니다. 왕자는 할아버지께 달려가서 혹시 향기로운 이름을 들은 적이 있느냐고 물어보았습니다.

할아버지는 몹시 반가워하며 대답했습니다.

"암, 있다마다요. 아주 아주 그윽하고도 정갈한 이름이랍니다. 저는 그 이름을 알진 못하지만 제 손녀딸이 들었다고 하더군요."

막시밀리안은 할아버지와 함께 그 누추한 오막살이집 안으로 들어섰습니다. 집 안에는 가난한 농부의 어린 소녀가 앓아누워 있었습니다. 할아버지는 그 아이 곁으로 가서 말했습니다.

"즈우나야, 이 나리께서는 네가 언젠가 얘기하던 그 향기로운 이름이 알고 싶어 오셨단다. 이름이 뭔지 말씀드릴 수 있겠니?"

나이 어린 소녀는 막시밀리안을 보자 퍽 반가운 듯이 미소지었습니다. 그러나 그 이상한 이름을 영 생각해 내지 못했습니다. 다만, 어느 날 밤 꿈에 천사 하나가 나타나더니 춤을 추어 보여 주었는데 그 천사가 입은 색동옷은 마치 부드러운 무지개처럼 고운 빛깔이었다고 기억을 더듬으며 얘기했습니다.

그리고 그 천사는 곧 다른 천사가 또 올 것이라 일러 주었는데, 자기보다는 훨씬 더 아름다운 옷을 입고, 훨씬 더 춤을 잘 출 것이라고 전하며 새로 나타날 천사의 이름을 댔다고 하였습니다. 그 천사의 이름을 듣는 순간 소녀는 말할 수 없이 고운 향기를 맡을 수가 있었다는 것입니다.

"하지만, 지금은 그 이상한 이름이 영 생각나질 않아요. 만약 그 이름을 도로 생각해 낼 수만 있다면 제 병도 아주 좋아질 것 같은 느낌이 들어요. 그래도 그 아름다운 천사님께서 곧 오실 거라고 했으니 나타나시면 그 이름이 생각날 거예요."

막시밀리안은 궁전으로 돌아와 공주에게 모든 것을 보고했습니다. 공주는 왕자와 함께 그 오막살이집으로 소녀를 문병하러 갔습니다. 공주는 농부의 어린 딸을 보자 진심으로 측은한 생각이 들었습니다. 어떻게 하면 그 소녀를 위로해 줄 수 있을까 궁리한 나머지 공주는 소녀 앞에서 춤을 추기 시작했습니다.

소녀는 공주의 춤을 열심히 지켜보고 있다가 언뜻 그 춤 속에서 온갖 아름다운 빛깔과 온갖 아름다운 음악 소리를 들었습니다. 소녀의 마음은 기쁨으로 가득히 넘쳤습니다. 소녀는 행복에 겨워 소리 내어 웃었습니다.

그러자 그 순간, 소녀는 천사의 이름을 도로 생각해 냈습니다. 소녀가 큰 소리로 그 이름을 대자, 오막살이집 안은 금세 그윽하고 정결한 향기로 가득히 채워졌습니다.

이제 공주에게는 모든 것이 분명해졌습니다. 지금껏 자기가 찾고 있던 향기로운 이름이란 바로 자신이 천국에 있었을 때의 이름이라는 것, 자기가 왜 이 세상으로 쫓겨나야 했었는가 하는 일들이 모조리 분명해진 것입니다.

가난한 농부의 딸은 곧 자리에서 일어나 건강을 되찾았습니다. 그리고 공주는 왕자에게 시집을 가, 이 세상에서 즐겁게 살면서 천국으로 돌아갈 수 있게 되는 날을 기다렸습니다

— 페도르 솔로구프, 〈향기로운 이름〉

'내'가 이 세상에 무엇 하러 왔을까를 생각해 보자. 우연히 왔다고 생각하는 사람도 있겠지만 신이 보낸 뜻이 있을 것이라고 생각하는 사람도 있을 것이다. 나는 후자이다. 풀꽃 한 송이도 의미 없이 피었다고 생각하지 않는다. 작은 나비 한 마리, 벌 한 마리를 위해 꿀을 주고, 또 반면에 나비와 벌에 의해 씨앗을 잉태하지 않는가. 하찮은 미물들한테도 이런 깊은 의미가 있는데 하물며 인간에게 있어서야.

그런데 문제는 '나'를 이 세상에 보낸 이의 뜻을 좀처럼 알기 어렵다는 데 있다. 그러나 한 가지 분명한 것은 인간 개개인의 얼굴이 다르듯이 적성 또한 다르다는 사실이다. 이 적성을 찾도록 도와주는 것, 그리고 찾은 적성을 성장시킬 수 있도록 거들어 주는 것이 부모와 교사의 역할이라고 본다.

이 동화에서는 '춤'으로 앓고 있는 소녀를 위로하라는 하느님의 명령을 거역한 천사의 세상 나들이가 아름답게 묘사되어 있다.

지상으로 쫓겨 내려온 뒤 '자기'와 '일'을 못 찾고 있는 마거릿 공주에게 막시밀리안 왕자가 마침내 알아 온 일이란 가난한 농부의 딸

에게 춤을 추어 주는 몫이었다.

 마침내 아름다운 '나눔'을 건넨 공주에게 향기가 밴다. 그리하여 마거릿 공주는 본래의 자기가 누구였던가를 알게 된다.

 흔히들 이웃에게 베푼 것을 '도움'이라 하기도 하고 '자선'이라고 하기도 하지만 나는 '나눔'이라고 굳이 고집한다.

 '나눔'이라 하였을 때는 수평으로 느껴지나 '도움'이나 '자선'이라 하면 수직으로 생각되어지기도 하기 때문이다. 사람과 사람의 관계는 수평이 될 때 원을 이루게 되는 것이지 않을까? 당신의 삶도 지니고 있는 본래의 뜻을 이루어 나눔으로 향기 나는 삶이 되리라 믿는다.

지식 창고

나는 기차 시간표를 암기하고 있는 사나이를 한 사람 알고 있다. 이 사람을 기쁘게 하는 것은 기차들밖에 없었다. 그는 온종일 역에서 시간을 보내며 기차들이 도착하고 출발하는 것을 관찰했다. 기차 차량들, 기관차의 동력, 커다란 바퀴들을 경탄하며 바라보았고, 기차로 뛰어 올라가는 차장들과 역장을 보고도 경탄했다.

그는 기차라는 기차는 모두 알고 있었다. 그 기차가 어디서 와서 어디로 가는지, 언제 어디에 도착하게 되며, 그곳에서는 다시 어느 기차가 출발하여 언제 도착하게 되는지를 그는 알고 있었다.

그는 기차들의 번호도 알고 있었다. 그 기차들이 어느 날 운행하며, 식당차가 달려 있는지, 또 그 기차를 타면서 다른 기차와 곧 연결이 되는지, 아니면 기다려야 하는지를 알고 있었다. 어느 기차에 우편 차가 달려 있고, 프라우엔펠트로 가려면 기차표 값이 얼마고, 올텐이나 니더비프 또는 다른 곳으로 가는 데는 얼마나 드는지를 알고 있었다.

그는 식당에도 가지 않았고 영화관에도 가지 않았고 산보도 가지 않았다. 자전거도, 라디오도, 텔레비전도 없었다. 신문도 책도 읽지 않았다. 편지를 받아도 읽지 않았을 것이다. 그에게는 그럴 시간이 없었다. 시간을 모두 역에서 보냈기 때문이다. 다만 5월과 10월 기차 시간표가 바뀔 때만 몇 주일 나타나지 않았다.

그때는 집에서 책상에 앉아 새로 나온 기차 시간표를 암기했다. 첫 장에서 끝 장까지 읽으며 변동 사항을 모조리 따라 외우는 것이다. 그리고 그는 변동이 된 것을 기뻐했다.

누군가 그에게 기차의 출발 시간을 묻는 수도 있었다. 그러면 온 얼굴을 환희로 빛내며 어디로 가는 여행인지를 정확히 알고자 했다. 그에게 물어보는 사람은 틀림없이 출발 시간을 놓쳐 버리게 마련이었다. 왜냐하면 그는 묻는 사람을 가지 못하게 붙들기 때문이었다. 시간만 가르쳐 주는 데 만족하지 않고 잇따라 그 기차의 번호와 차량의 수, 다른 기차를 갈아탈 수 있는 방법, 운행 소요 시간을 일러 주었고, 또한 이 기차를 타고 파리로도 갈 수 있다는 것, 그러자면 어디서 갈아타야만 하며 언제 도착하게 되는가까지 설명했다. 사람들이 왜 이러한 것에 흥미를 갖지 않는지 그로서는 이해할 수가 없었다. 자기가 알고 있는 모든 지식을 털어놓기 전에 상대방이 그를 내버려 둔 채 가버리면 화가 나서 사람들을 욕했고, 그들의 뒤에다 대고 소리 질렀다.

"당신은 기차에 대해서는 백치요!"

그러나 그는 절대 기차를 타지 않았다.

"그런 건 쓸데없는 짓이야" 하고 그는 말했다.

언제 그 기차가 도착하는지 이미 앞질러 알고 있기 때문이었다.

"기억력이 나쁜 사람들이나 기차를 타는 거야" 하고 그는 말했다.

"왜냐하면 그들이 기억력이 좋다면 나처럼 출발 시간과 도착 시간을 외워 둘 수 있을 테니까. 그 시간을 체험하기 위해서 기차를 타고 갈 필요는 없거든."

나는 그에게 그런 것이 아니라고 설명해 주려고 이렇게 말했다.

"이 세상에는 차를 타고 여행하기를 즐거워하는 사람들이 있습니다. 그런 사람들은 기차를 타고 가며 창밖을 내다보고 그들이 지나가는 곳을 구경하기를 좋아하는 겁니다."

그랬더니 그는 내가 자기를 조롱하려 든다고 생각하고 화를 내며 이렇게 말했다.

"그런 것도 다 기차 시간표에 들어 있어. 그들은 루터바하를 경유해서 다이티겐, 방엔, 니더비프, 윈징엔, 오버부크시텐, 에거킹엔 그리고 헤겐도로프를 지나가게 되어 있으니까."

"어쩌면 그 사람들은 어디론가 가고 싶기 때문에 기차를 타야만 하는 것인지도 모르지요" 하고 내가 말했다.

"그것도 사리에 맞지 않아."

그는 말했다.

"왜냐하면 거의 모든 사람들이 언젠가 한 번은 돌아와야 하거든. 심지어는 매일 아침 여기서 기차를 타고 갔다가 매일 저녁 되돌아오는 사람들도 있어. 이 정도로 그들은 기억력이 나쁜 거야."

그리고 그는 역에 있는 사람들을 욕하기 시작했다.

"이 바보들아, 너희들은 도대체 기억력이란 것이 없어."

그는 그들을 향해 소리쳤다.

"너희들은 헤겐도로프를 지나가게 될 거다."

그러면서 자기가 그들의 재미를 망쳐 놓는다고 믿었다.

이야기는 원래 여기서 끝나야 한다.

그러나 여러 해 뒤에 역에는 여객 안내소가 생겼다. 그곳에는 철도청 관리가 제복을 입고 창구 뒤에 앉아 있었다. 이 관리는 철도에 관한 모든 물음에 대답을 해주었다. 기억력을 자랑하는 그 사나이는 이것을 믿을 수가 없었다. 그래서 그는 이 관리를 시험해 보려고 매일 새로 생긴 여객 안내소에 가서 아주 복잡한 물음을 물었다.

그는 물었다. "여름철에 일요일마다 16시 24분에 뤼베크에 도착하는 기차의 번호가 몇 번입니까?"

그 관리는 책을 들춰 보더니 그 번호를 가르쳐 주었다.

그는 물었다. "내가 여기서 6시 59분에 기차를 타고 떠나면 언제

모스크바에 도착합니까?"

그 관리는 언제라고 대답해 주었다. 기억력을 자랑하는 그 사나이는 집으로 와서 그 기차 시간표를 모조리 불살라 버리고 그가 알고 있던 것을 모두 잊어버렸다.

다음 날 안내소 관리에게 "역 앞의 층계는 계단이 몇 개나 됩니까?" 하고 물었다. 그랬더니 그 관리는 "나는 그런 것은 모릅니다"라고 말했다.

그러자 그 사나이는 역 안의 곳곳에 뛰어다니며 기뻐서 재주넘기를 하며 외쳤다.

"그가 이것을 모르는구나. 그가 이것을 모르는구나."

그는 역 앞 층계로 가서 계단의 수효를 헤아려 보고 이제는 기차 출발 시간이 하나도 들어 있지 않은 기억력에다 이 수효를 새겨 두었다.

그 뒤로 이 사람을 역에서 다시는 볼 수가 없게 되었다.

그는 이제 시내의 집들을 가가호호 찾아다니며 층계의 계단 수효를 암기했다. 그리하여 이제 이 세상의 어떤 책에도 쓰여 있지 않은 숫자들을 알게 되었다.

그러나 온 도시의 층계 계단 수를 알고 났을 때 그는 역으로 와서 매표구로 갔다. 기차표를 사 가지고 평생에 처음으로 기차를 탔다. 다른 도시로 가서 그곳의 층계 계단 수를 헤아려 보기 위해서였다.

그러고 나서 온 세상에 있는 층계의 계단 수를 세어 보기 위해서 계속해서 기차를 타고 다녔다. 아무도 알지 못하고 어떤 관리도 책에서 찾아볼 수 없는 것을 알기 위해서였다.
　— 페터 빅셀, 〈기억력을 자랑하는 사나이〉

우리는 간혹 세상만사를 손바닥 들여다보듯 훤히 알고 있는(?) 사람을 봅니다.
"내가 뭐라고 말했어? 내 말대로만 했더라면 돈방석에 앉았을 거야. 그런데 내 말을 듣지 않더니만 결국……."
이 사람의 말은 여기서 끝나지 않습니다. 사회 문제 처방에도 일가견이 있고, 정치에도 탁견이 있지요.
지난날 그 많고 많은 기회에 자기의 말을 듣지 않아서 안타깝게 된 사람들에 대해 혀를 차다가는 입에 거품을 물기도 합니다.
그런데 문제는 그렇듯 세상만사를 손바닥 들여다보듯 훤히 알고(?) 있으면서 자신은 아직 빈털터리라는 데 있습니다.
신문과 방송을 어찌나 보았는지 국회 사무처 직원보다도 연예부 기자보다도 국회의원, 연예인 할 것 없이 시시콜콜한 신상까지도 훤히 아는 이 사람의 안타까운 점은 자신에 대해서는 모른다는 것입니다.
우리 속담에 '숟가락은 국 맛을 모른다'는 말이 있습니다. 숟가락이 국그릇에 백 번, 천 번을 드나들면 뭐하는가요. 국 맛을 아는 것은 혀가 아닌가 말입니다.

지식이 인생에 좋은 나침반이 되지 않은 채 지식으로만 쌓이고, 지식이 삶에 양분이 되지 못하고 지식으로만 보관될 때 '헛똑똑이'가 되고 마는 것입니다.

이 동화에서 기차 시간표를 전부 암기하고 있는 사나이는 말합니다. "기억력이 나쁜 사람들이나 기차를 타는 거야"라고.

그는 여행하는 사람들이 안타깝기만 합니다. 출발하는 시간, 도착하는 시간을 알고, 거쳐 가는 역들에 대해 알고, 그곳 풍물에 대해 전부 기억하고 있으면 됐지, 무엇 하러 기차를 타느냐며 참 한심스럽게 생각합니다.

그에게 '나'는 말하지요.

"이 세상에는 차를 타고 여행하기를 즐거워하는 사람들이 있습니다. 그런 사람들은 기차를 타고 가며 창밖을 내다보고 그들이 지나가는 곳을 구경하기를 좋아하는 겁니다."

이 말을 들은 기억력이 좋은 사나이는 물론 화를 냅니다. 그런 것도 다 기차 시간표에 들어 있다며 기억력이 나쁜 사람들에 대해 한심해합니다.

그러나 오늘날 지구에 문패를 걸 만한 사람이라고 칭송받고 있는 과학자 아인슈타인은 자기 집 전화번호를 기억하지 못했다고 하지요.

어떤 기자가 "아니, 박사님이 자신의 집 전화번호를 기억하지 못하다니 납득하기 어렵군요" 하자 아인슈타인의 대답은 이랬다고 합니다.

"전화번호부에 보면 나와 있는 것을 내가 기억하고 있을 필요가 없지요."

마음속의 나침반

흰 구름이 이야기하였습니다.

시의 네거리 중앙에 신호등이 있었지. 파란 불이 켜지면 가고 빨간 불이 켜지면 서야 하는 이 신호등에 어느 봄날 뜻하지 않은 손님이 찾아왔어.

강남 갔다 온 제비네 부부인데 집터가 마땅찮았던지 글쎄 이 신호등을 살펴보더니만 집을 지으려 드는 거야.

"아니야. 거긴 시끄러워서 못써. 다른 데로 가. 가란 말이야."

내가 타일렀지만 그 제비 부부는 들은 척도 하지 않았어.

'어디가 좀 부족한 녀석들이로군.'

나는 그냥 바람 따라서 강을 건너가 쉬어 버렸지.

이튿날이었어. 이들이 틀림없이 집 짓는 일을 포기하고 다른 데로 갔겠지 하는 마음으로 와보았더니, 아니 이게 웬일이야. 제비네가 본

격적으로 공사를 시작했더군그래.

두 마리의 제비가 열심히 지푸라기에 물을 묻히고 진흙을 발라서 차곡차곡 벽을 쌓고 있었지.

이 광경을 맨 먼저 발견한 사람은 트럭 운전사였어. 마침 이 신호등 밑을 지나가다가 신호를 위반했다, 안 했다 하면서 교통순경과 시비가 벌어졌는데, 교통순경이 손짓으로 가리키는 신호등을 쳐다보던 트럭 운전수가 '히야' 하고 신기한 듯 눈을 크게 떴어.

"교통 아저씨, 일 생겼습니다."

"뭐요? 이 양반이 갑자기 무슨 소리를 하는 거야?"

"저기 좀 보십시오."

트럭 운전수가 가리키는 곳을 쳐다본 교통순경의 굳은 눈가도 스르르 풀렸지.

"거참, 집터 한번 희한하게 골랐군. 저걸 그냥 두면 안 되지."

교통순경이 기다란 작대기를 찾아 들고 어슬렁어슬렁 신호등 밑으로 다가가자, 트럭 운전수는 기회는 이때다 싶어 얼씨구나 하고 차를 몰고 내뺐지.

교통순경이 작대기로 제비네 집을 걷어내 버리려고 하는 순간이었어. 마침 신호등 앞에 서 있던 택시 속에서 좀 선하게 생긴 사람이 고개를 비죽 내밀고 이렇게 말하는 것이었어.

"아저씨는 구청 철거반 출신인가요? 아, 도시 사람들 인심이 얼마나 사나웠으면 제비들이 거기에다 집을 지으려고 하겠어요? 한번 봐 주세요, 거."

교통순경은 순간 마음에 짚이는 것이 있는지, 뒷머리를 만지며 순순히 물러 나오더군.

이때 바람이 불어와서 나를 밀었어. 더 지켜보고 싶었는데 바람이 밀어서 자리를 조용히 뜰 수밖에 없었어.

다음 날도 이 거리로 일찍 나왔지. 이번에는 이 신호등 아래에 백차가 와 있더군. 교통순경이 백차에 앉은 사람에게 하는 보고를 나는 들었지.

"이젠 집짓기가 다 끝났습니다. 오늘 아침부터는 벌어먹으러들 다닙니다."

"그렇다면 문제지. 밖에 벌이 나갔는데 함부로 집을 부술 수는 없잖아."

"글쎄 말입니다. 별일을 다 봅니다."

"운전하시는 분들은 어때? 교통 장애는 일으키지 않는가?"

"웬걸요. 전보다 지나다니는 사람들의 표정이 훨씬 밝아졌습니다. 일부러 이 길로 지나가면서 저들 안부를 묻는 분들도 생겼는걸요."

"그렇다면…… 그렇다면 이렇게 하세. 혹시 제비 부부가 감전 사고를 당할지도 모르니 저 신호등의 사용을 당분간 중단시키게."

"그럼 교통 신호는 대신 저희가 맡아 해야겠군요."

"그래야지. 고단하겠지만 함께 살아간다고 생각해서 수고 좀 해주게. 혹시 알아. 저들이 흥부네 제비처럼 강남 갔다 오면서 자네한테 박씨라도 물어 올지 말이야."

교통순경도, 그리고 그의 윗분도 함께 너털웃음을 웃었지. 나도 기분이 좋아 뭉클뭉클 웃었고.

이날부터 이 신호등에는 전기가 끊겼지. 대신 신호등 위에 애드벌룬이 둥실 떠 있고 그 애드벌룬에는 이런 글이 쓰인 리본이 매달려 있더군.

'이 신호등에는 제비집이 있습니다. 신혼이니 놀라지 않게 해주십시오.'

그러자 신기한 일이 벌어졌지. 차들이 일체 클랙슨을 울리지 않고, 웡웡거리지도 않고 떼쟁이 아기가 자고 있는 데를 지나는 것처럼 조심조심 다니는 거야. 제비는 아주 신나서 폴폴 나다니고.

한동안 장마가 들어서 나는 자주 그 거리에 나가 볼 수가 없었지. 제비네가 어디로 이사를 가지나 않았을까 궁금하였지만 참고 기다릴 수밖에.

드디어 장마가 개고 하늘이 다시 맑아졌어. 나는 서둘러서 그 네거리에로 나가 보았지. 그동안에 리본의 글이 바뀌어 있더군.

'축. 제비 순산하다.'

운전수들은 이곳저곳으로 돌아다니며 제비네 소식을 나르기에 바빴지.

"당신, 들었어요?"

"무얼 말이오?"

"그 네거리 신호등에 집 짓고 사는 제비네가 새끼를 깠답니다."

"아, 그래요. 그럼 미역 사가야겠네요."

"미역이 아니라, 고추잠자리나 서너 마리 잡아 가시지요."

이후부터 이 시(市)는 온통 제비네에 관한 것이 화제가 되었지.

"아, 그 제비네는 새끼가 다섯 마리가 된다는군요."

"다복하기도 해라. 그들한텐 산아 제한 하라는 캠페인이 없는 모양이지요."

"오늘 아침 리본 뉴스 보았어요?"

"뭐라고 나왔습디까?"

"제비 새끼들 날기 시작하다, 이렇게 돼 있더군요."

"거참, 축하할 일입니다."

마침내 가을이 왔어.

그날은 날씨가 하도 좋아서 아침 일찍 나가 보았더니 네거리가 온통 북적대고 있더군. 길 양편으로 차들이 줄줄이 서 있고, 사람들도 발 하나 들여놓을 틈 없이 차 있고, 애드벌룬은 하나에서 세 개로 늘어나 있었는데 거기에 달려 있는 리본 글을 보고서야 나는 알았지.

'축. 제비 강남 길 환송연.'

밴드가 울렸어. 신통하게 제비네 일곱 식구도 가지런히 전깃줄에 나와 앉아 있더군.

시장이 나와서 그동안 이 거리에서는 교통사고는 물론 경범 사건 하나도 일어나지 않았다고 인사말을 하자 박수가 쏟아졌어. 제비들은 신호등 주위를 빙빙 돌며 날았고.

여학생들이 합창을 하자, 다른 사람들도 일제히 따라 불렀지.

"남쪽 나라 찾아가는 제비 불러 모아/봄이 오면 다시 오라 부탁하노라."

―〈신호등 속의 제비집〉

이 동화는 우리나라 초등학교 3학년 읽기 교과서에 실려 있는 저의 작품입니다.

실제로 신호등 속에 새가 둥지를 얹었다는 신문 기사를 보고 구상해서 썼습니다만, 저한테는 이런 '아름다움이 인류를 구원한다'는 믿음이 있습니다.

소돔과 고모라에는 의인 세 사람이 없어서 마침내 하느님의 징벌을 받고 말았지요. 그러나 오늘의 우리 지구에 추함이 억조가 넘는다 하더라도 아름다움이 하나만 있다면 나는 거기에 희망을 걸고 하느님께 빌겠습니다. 이 아름다움을 보시고 진노를 푸시라고.

사람의 시선은 그 사람의 마음속 나침반을 따른다고 생각합니다.

아무리 깨끗한 곳이라도 먼지를 찾고자 하면 먼지를 못 찾을 리 없지요. 또한 아무리 쓰레기 천지라도 새싹을 보고자 하면 새싹이 보이리라 생각합니다.

문제는 우리의 '무관심'에 있지요. 미움보다도 더 무서운 악의 편은 무관심입니다. 발밑에 꽃송이가 밟히든 말든, 물고기가 죽어 뜨든 말든, 신호등에 제비가 집을 짓든 말든, 무심한 시선에 의해 우리 자연은 병들어 가고 있지 않은가요?

이 〈신호등 속의 제비집〉은 어린 눈에 의해 발견되었지만 어른들 또한 관심을 가져 주면서 새 사랑이 충만한 도시로 변해 갑니다.

기적은 홍해가 갈라지듯 대단한 것으로만 생각하는 사람들에게 이런 따뜻한 어우러짐도 대단한 기적 못지않은 기적이라고 말하고 싶습니다.

'끼리끼리'라는 말이 있습니다만 마음속의 나침반이 아름다움으로 향해져 있는 사람들의 이웃이고 싶습니다.

좋은 예감

1판 1쇄 발행 1996년 11월 20일
2판 1쇄 발행 2006년 3월 30일
2판 4쇄 발행 2017년 12월 1일

지은이 정채봉
펴낸이 김성구

단행본부 박혜란 이은정 김민기 김동규
디자인 홍석훈 문인순
제 작 신태섭
마케팅 최윤호 송영호 유지혜
관 리 노신영

펴낸곳 ㈜샘터사
등 록 2001년 10월 15일 제1-2923호
주 소 서울시 종로구 창경궁로35길 26 2층 (03076)
전 화 02-763-8965(단행본부) 02-763-8966(영업마케팅부)
팩 스 02-3672-1873 **이메일** book@isamtoh.com **홈페이지** www.isamtoh.com

ⓒ 김순희, 2006, Printed in Korea.

이 책은 저작권법에 따라 보호를 받는 저작물이므로 무단 전재와 복제를 금지하며,
이 책의 내용의 전부 또는 일부를 이용하려면 반드시 저작권자와 ㈜샘터사의 서면 동의를 받아야 합니다.

ISBN 978-89-464-1534-8 03810

이 도서의 국립중앙도서관 출판시도서목록(CIP)은 서지정보유통지원시스템 홈페이지(http://seoji.nl.go.kr)와
국가자료공동목록시스템(http://www.nl.go.kr/kolisnet)에서 이용하실 수 있습니다.
(CIP제어번호:CIP2005002529)

값은 뒤표지에 있습니다.
잘못 만들어진 책은 구입처에서 교환해 드립니다.